Band 6

*Das Licht
kommt diesmal
aus dem Osten*

Antworten aus der Weisheit II

Inhaltsverzeichnis

Was ist unser Planet für eine Schöpfung	04.10.1990	07
Der Garten Eden und seine Symbolik	27.07.1990	11
Tieropfer und Kriege im Alten Testament	17.03.2000	13
Die Frage nach Gott	24.11.1989	15
Des Menschen Geist – der Intellekt?	02.02.1990	19
Gehet hin in alle Welt	31.07.1989	21
Dass man alle Kreatur liebt und achtet	16.02.1990	23
Das Tier hat genug vom Menschen	28.02.2001	25
Was Gott angeblich alles tun soll	29.06.1990	29
Der Segen Gottes	18.05.1990	31
Das Kreuz und Gottes Licht als Schutz	09.12.1989	33
‹Botschaften der Geister›	15.02.1991	37
Wie geht man mit negativen Kräften um?	18.10.1991	39
Wenn ihr nicht wiedergeboren seid…	28.06.1991	43
Angst vor dem Sterben – Angst vor Gott	04.01.1991	45
Begegnung mit dem Dual	01.06.2001	49
Alte Menschen – eine Wissensbereicherung	13.05.1993	51
Krankheit – Schicksal oder Zeit der Rückblende	14.04.2000	55
Legalisierte Abtreibung	27.04.2001	59
Konfliktsituationen am Arbeitsplatz	07.06.1991	63
Sankt Nikolaus – ein Weihnachtsmärchen?	26.11.1996	65
Erziehung heute	03.12.2000	67
Der Glaube kann Berge versetzen	23.03.2001	71
Kirche und Mystik	22.11.1991	73
Entrückung – was ist gemeint	06.04.2001	77
Religion – was ist das?	10.08.2001	81
Erleuchtung in der Bibel	06.04.2001	85

Der mystische Pfad ist nicht der spirituelle Weg	24.08.2001	*87*
Heilsversprechen – die sich nicht erfüllen	02.11.2001	*93*
Erlebnisse auf dem Geistigen Weg	09.11.2001	*101*
Führe uns nicht in Versuchung	20.07.1990	*107*
Buddha, Christus, Mohammed – Göttliche Propheten	12.01.1990	*111*
Buddhisten und Christen im Vergleich	30.03.1990	*115*
Die Rückkehr Buddha-Maitreya's –		
die Wiederkunft Jesu Christi	08.06.1990	*117*
Das Licht kommt diesmal aus dem Osten	15.06.1990	*119*
Auch Buddhisten werden umdenken müssen	26.10.2001	*123*
Der Achtfache Pfad und die Zehn Gebote	24.08.1990	*127*
Könnten wir noch umgehen mit den Lehrsätzen Buddhas	26.01.2001	*129*
Angepasste Gedanken – eine lähmende Macht	05.10.2001	*137*
Kinder die Kinder erschiessen	27.07.1990	*147*
Wanatee spricht zu den Menschen	24.09.1990	*149*
Was denkt der Himmel über C-Waffen	11.01.1991	*151*
Diesmal muss der Mensch die Lösung bringen	14.01.1991	*153*
Bis die Völker einander wieder achten und tolerieren	21.01.1991	*155*
Ungerechtigkeit geschieht nicht in Gott	18.11.1991	*157*
Der Koran kennt kein Töten	21.09.2001	*159*
Das Buch mit den sieben Siegeln	13.04.1990	*165*
Prophezeiungen – Treibhauseffekt und Klimakonferenz	13.07.1990	*167*
Bruder Klaus und seine Pilatus-Vision	02.11.1990	*169*
Die sieben Engel mit den sieben Zornschalen	01.02.1991	*171*
Die Weisse Bruderschaft	11.06.1991	*175*
Das Knäblein das auf normale Weise zur Welt kommt	07.06.1991	*179*

Vorwort

Des aktuellen Zeitgeschehens wegen, enthält Antworten aus der Weisheit II, nun noch die Kapitel, die wir erst heute so veröffentlichen dürfen.

Die Vorträge aus der Geistigen Dimension über die Hintergründe von kriegerischen Handlungen, damals wie heute, werfen den Menschen auf seine Eigenverantwortung zurück; es ist nicht Gott der zulässt, es ist der Mensch. Dies geht zurück bis zu den Kriegen des Alten Testamentes.

Um das Gottesverständnis wieder ins rechte Licht zu rücken, spanne ich den Bogen meiner Fragen nochmals weit, beginnend bei der Schöpfungsgeschichte, über Grundsatzfragen, dem Sinn des Hierseins, religiösen Fehlinterpretationen, bis hin zu Dem der da kommen soll.

Einige symbolische Bilder der Apokalypse scheinen wir nun heranzuziehen, da wir mit unserem Verständnis für Umweltbelange, wie für die Tiere noch nichts durchgreifend verändert haben. Auch wurden mir einige falsch interpretierte Bibelstellen berichtigt.

Für Lebenshilfe im Alltag, Kinder-Erziehung, Umgang mit dem Alter und Umgang mit sich selbst, haben wir auch hier in diesem Band wieder Anregungen bekommen.

Selbst die einfachsten Fragen wurden mir mit viel Aufmerksamkeit, unendlicher Liebe – die ich leider in den gedruckten Worten nur schwer vermitteln kann – sowie mit einer schier endlosen Geduld, ein letztes Mal beantwortet.

Nicht zuletzt sind auch in diesem Band einige wenige Lehrvorträge dabei, für die Schüler des Geistigen- und Mystischen Pfades.

Wer Spektakuläres erwartet in dieser Richtung, oder in Prophetischer Richtung, wird allerdings zu kurz kommen, denn es geht in allen Büchern nicht um Sensationen, sondern darum, dem äusseren Leben die innere Richtung wieder zu geben, das ganz normale Alltagsleben mit dem geistigen Leben in Einklang zu bringen.

Wie in allen, aufgezeichneten Gesprächen und Vorträgen der Mystikerin, die bittet, ungenannt und in der Stille bleiben zu dürfen, zieht sich wie ein roter Faden, der eigentliche Sinn des Leben durch jeden Beitrag.

Auch wird nichts unterlassen, uns die Angst vor Gott und die daraus resultierende Angst vor der Ungewissheit zu nehmen, um den Weg zurück ins Licht, in die unendliche Glückseligkeit wieder zu finden.

Von unserer Seite, möchten wir nicht belehren, und auch sie möchte niemanden belehren, auch wenn es so verstanden werden sollte. Es sind immer nur Denkanstösse, die euch aus einer anderen Ebene, aus einer anderen Perspektive formuliert werden. Was ihr damit tut oder wie ihr sie annehmt, überlassen wir einem jeden von euch.

Auch da gilt, dass man diese Ratschläge für sich so annehmen soll, dass sie für einem selbst stimmen, denn jeder geht seinen eigenen Weg und er ganz alleine wird einmal seine Leben überblicken müssen.

R.W.

Was ist unser Planet für eine Schöpfung? 4.5.90

Ich wünsche dir einen schönen Guten Abend – was hast du heute für Fragen?

Auch ich wünsche dir einen schönen Abend! Danke, dass ich mit dir sprechen darf, – ich möchte aber gleich vorwegnehmen, dass ich mich der Heiligkeit einer solchen Stunde und jedes einzelnen Augenblickes niemals auch nur annähernd bewusst bin und euch die nötige Ehrfurcht und Ehrerbietung nicht entgegen bringen kann! Es bereitet mir einige Mühe, einem so hohen Wesen gegenüber zu sitzen, – ich stelle mir nun einfach vor, du wärst ein Alter Weiser aus dem Tibet.

Schau Kind, das geht nicht nur dir so – ich möchte fast sagen, allen Menschenkindern die mit der Geistigen Welt in Kontakt sind. Und es ist schön, wenn ihr euch zum Gehörten Gedanken macht und versucht tiefer zu fühlen. Aber schau, wir möchten sehr ehrliche Partner und nicht solche die sich vor lauter Respekt nicht mit uns unterhalten können oder einen falschen Heiligenschein aufsetzen. Uns ist es lieber, ihr tretet uns so entgegen, wie ihr uns im Moment fühlt, denn es kommt für jeden einmal die Zeit, da er tiefere Kontakte zu uns bekommt – und Gott –, und ihr werdet dann in eurem Innern dies spüren, was richtig ist. Wir danken dir, dass du gekommen bist und bleibe unbefangen.

Wenn mir schon eine so grosse Gnade zuteil wird, dass uns der Himmel über so manches Ungereimte und falsch Ausgelegte, in Bezug auf Gott und die Welt, Klarheit bringen will, dann fange ich gleich noch einmal ganz von vorne an. Was ist denn eigentlich unser Planet für eine Schöpfung? Hat Gott diese Erde erschaffen? Was ist der eigentliche Sinn unseres Hierseins, vor allem unseres Leidens?

Schau, die Erde wurde durch Gott und durch sich selbst erschaffen, und Leiden – nein, dies war nicht der Sinn. Hier sollte ein Paradies entstehen, auf dem Ewiger Friede herrschen sollte!

Und es sollten darauf Geschöpfe leben, die eine andere Form und andere Fähigkeiten hätten haben sollen. Wie du weisst, gibt es noch andere Sonnensysteme und dort leben wieder andere Geschöpfe. Hier sollte es so sein, dass auch die Wesen von anderen Planeten, anderen Dimensionen sich mit euch hätten vereinigen können, ihre Weisheit und ihre Art mit euch hätten austauschen können.

Aber dies ist leider nicht der Fall, denn es kam ganz anders. Der Mensch in seiner grobstofflichen Form hat sich anders entwickelt, als Gott dies wollte, – er hat sich von Gott abgewandt.

Gott hat den Menschen erschaffen, aber der Planet Erde, der hat sich selbst erschaffen. Es werden immer wieder neue Planeten geboren – dies ist immer noch so in anderen Sonnensystemen – sie werden wirklich geboren aus Gedanken der Wesen die dafür da sind, dass dies geschieht. Es gibt Wesen, die nur dafür zuständig sind.

Dieser Planet mit Namen ‹Erde›, wurde erschaffen für euch Menschen. Gott wollte eine ganz andere Art Wesen erschaffen, als die, welche er bisher erschuf; doch sie haben ihn am Meisten enttäuscht.

Er wollte hier ein Paradies erschaffen, auf dem auch andere Wesen von anderen Sonnensystemen, so oft sie die Sehnsucht oder das Verlangen danach gehabt hätten, einen grobstofflichen Körper zu haben, sich hier hätten niederlassen können, um sich mit euch zu vermehren, oder mit euch hätten Weisheiten austauschen können.

Aber dies ist nie dazugekommen, denn als der Mensch seine wahre Intelligenz zu entwickeln begann, hat er grosses Unglück über sich selbst gebracht – und dieses verfolgt die Menschheit noch immer.

Du sprichst von Wesen anderer Sonnensysteme, allerdings von geistig sehr hoch entwickelten, dann sind all die Phantasien hierüber doch nicht ganz so abwegig?

Euer Planet weist die tiefsten Schwingungen auf. Es gibt Planeten, die können feinstofflich und grobstofflich sein, was ja auch bei euch hätte sein können. Wenn die Wesen von dort auf die Erde möchten, können sie grobstsofflich werden und ihr könnt sie sehen, um wiederum Feinstofflichkeit anzunehmen, um zurückzugehen, denn sie sind geistig viel weiter als ihr.

Sie können auch wählen als Mensch zu inkarnieren, um nach ihrem Tode wieder zurückzukehren, weil sie sich vorgenommen hatten, euch einiges zu lehren. Oder auch nur, um zu verstehen versuchen, weshalb euer Leben nicht in Güte und Liebe und im Einklang mit der Natur verläuft. So helfen sie der Menschheit unbemerkt, aber ohne jemals eine Bedrohung darzustellen; Bedrohungen nicht irdischer Wesen, sind menschliche Projektionen.

Ihr könnt nur in euer Sonnensystem vordringen, weiter nicht. Aber ihr könnt Besucher von anderen Systemen erhalten, von denen eure Wissenschafter noch gar nicht wissen, dass sie existieren, denn soweit reicht euer Sehen und euer Wissen nicht.

Und es werden immer wieder neue Planeten geboren bei uns. Dies wäre aber auch für euch von Gott so vorgesehen gewesen. Ihr hättet so leben können, wie ihr gewollt hättet – ob im grobstofflichen Bereich oder im feinstofflichen – und es wäre auch für euch eine kleine Reise gewesen, in andere Systeme vorzudringen.

Wenn ihr euch dort glücklicher gefühlt hättet, wärt ihr geblieben, und wenn ihr irgend jemanden wieder auf der Erde hättet besuchen wollen, der grobstofflich ist, so hättet ihr wieder einen Körper angenommen. Das war der Sinn Gottes, als er die Erde erschuf; und dies wurde durch euch beendet.

Die Erscheinungen von Propheten oder Engeln in Menschengestalt, des Alten Testaments, sowie die Fähigkeiten Buddhistischer- und Indischer Meister, an anderen Orten zu erscheinen oder auch nach ihrem Tode, in ihren damaligen Körpern, ihre Schüler zu besuchen, sind demnach ein Phänomen geistiger Reife und Vollkommenheit? Die Fähigkeiten Jesu, den Jüngern zu begegnen und sie wieder zu verlassen, wie auch die Begegnung auf dem Wasser oder die Fähigkeit, Brot und Fische zu vermehren, sind demnach eine hochentwickelte Geistigkeit?

Ja, dies ist nun genau das, was du gerade gesagt hast: Wer seine geistigen Fähigkeiten ganz entwickelt hat, so vergeistigt ist, dass er Eins-mit-Allem geworden ist; es ist das Eins-Sein, Einheit sein, Vereinigte-Göttliche-Liebe.

Aber es nützt keinem einzigen Menschen etwas, wenn er von irgend welchen Planeten weiss – die Menschen müssen erst lernen hier in Frieden miteinander zu leben – oder wie es auf den verschiedenen Ebenen aussieht, wenn sie nachhause kommen, dafür aber während ihres ganzen Lebens verpasst haben zu lernen, wohin ‹ihr› Weg sie führt, wenn sie verstorben sind.

Alles jagt nach noch mehr Wissen, noch weiter weg vom Ziel, und ihr Inneres vergessen sie dabei. Viele wollen einfach nicht begreifen, dass sie nicht aus sich hinaus streben sollen in die Unendlichkeit, sondern zuerst in sich hinein, zu Gott. Und dann, wenn sie dann bereit sind, werden sie von selbst dorthin getragen, wo sie hingehören.

Der Garten Eden und seine Symbolik 27.7.90

Die Geschichte, nach der wir gefallene, mit einer Erbsünde behaftete Menschen sein sollen, entsprang wohl auch, wie so vieles andere, der ‹Gnadenverwaltung› der Kirche, und ist wohl eher eine Symbolgeschichte? Und was bedeutete der Baum des Lebens und der Baum der Erkenntnis?

Dies ist richtig, nur die Menschen fallen, die es wirklich wollen, die den Weg so gewählt haben; die andern sind nicht gefallen, sie wollten ja lernen und Erfahrungen sammeln!

Es ist falsch verstanden und euch falsch auferlegt worden. Dies ist anders gedacht und wird einmal mehr falsch ausgelegt. Da euch ja die wahren Worte unterschlagen werden, könnt ihr auch nicht begreifen, was diese Aussagen bedeuten. So geht es mit nahezu siebzig Prozent aller Bibelstellen, also einer sehr grossen Anzahl!

Die Schlange, sie ist ein Gottesgeschöpf und kam sicher um zu versuchen, dass sie diese Frau beeinflussen sollte – so wurde es euch ja geschildert, – aber dem ist nicht ganz so. Adam und Eva wurden auch nicht aus dem Paradies vertrieben, denn dieser Planet war ein neuer Planet, der belebt wurde, er sollte bevölkert werden und dazu hat Gott Lebewesen geschaffen. Einem Paradiese sollten diese zwei Menschen wirklich den Anfang geben und sie haben es getan, indem sie Kinder zeugten und gebaren.

Jene Schlange hatte nicht die Symbolik des Schlechten, sondern die der Schlangenkraft – das ist die Kundalinikraft – und sie kann auch für das Gute, für die Heilung gebraucht werden. Das Symbol der Verführung wäre die Viper.

Und schau, sie haben da noch keine Sünde begangen, denn sie waren alleine. Wegen einem Apfel... deswegen wird Gott niemanden bestrafen! Er hat diese Kraft gesandt für die Menschen. Den Sündenfall, den hat es so nie gegeben, wie es euch geschildert wurde. Denn diese zwei Menschen bekamen Kinder und es war eine ganz normale Familie.

Die Sünde kam, je mehr Menschen sich durch dieses Paar, auf der Erde ansiedelten, und der Neid und der Hass immer grösser wurde.

Der Baum des Lebens und der Baum der Erkenntnis bedeuten Symbole, die für die Menschen bestimmt sind; es hätte hier auf dieser Erde, diesem Planeten wirklich ein Paradies entstehen können.

Tieropfer und Kriege im Alten Testament   17.3.2000

War nicht ein gewisser Opferkult eine alte Israelitische Tradition, wurde doch von Abraham das Leben seines Erstgeborenen gefordert. ‹Und es trat ein Engel hinzu, sagte zu Abraham, dein Sohn ist gerettet, Gott wollte dich nur prüfen, ob du ihm dein Liebstes geben würdest.› Worauf Abraham Gott ein Böcklein geopfert hatte.

Schau, er hat dieses Böcklein von sich aus geopfert, denn niemand von der Geistigen Seite aus würde je ein Tieropfer wollen, wir brauchen dies nicht. Die Prüfung war an ihn ausgesprochen, gibst du den Sohn, bist du bereit, und er war bereit. Und er durfte ihn behalten, aber in seinem Herzen hatte er das Gefühl, wenn ich meinen Sohn behalten kann, möchte ich ja dem Himmel auch etwas Gutes tun; ich möchte dafür etwas anderes geben. Und es ist schade, dass man einem Tier das Leben nahm, denn uns hätte einfach ein Gebet, ein Lachen genügt.

Das Opferritual geht ja noch weiter zurück; ich entsinne mich einer Geschichte wonach die ersten Söhne, Kain und Abel je ein Dankopfer darbrachten, das eine war Gott angenehm, das andere wurde nicht angenommen?

Es ist sicher ein Zeichen von Dankbarkeit des Menschen, wenn sie Gott oder auch ihren Göttern oder an wen sie glauben, etwas opfern möchten. Aber warum? Wäre nicht ein Gebet, ein fröhliches, ein liebendes Herz, eine Hilfsbereitschaft für einen Nachbarn ein grösseres Opfer? Oder auch ein Strauss Blumen, – obwohl man sie ja auch wieder von ihrem Stengel, von ihrem Lebenssaft beraubt. Dies wäre alles annehmbar, aber nicht, dass man jemandem das Leben nimmt.

Dann ist auch die Darstellung der vielen Stammes-Kriege im Alten Testament, die Gott gelenkt haben soll, falsch ausgelegt?

Frage dich nur einmal, wer hat diese Kriege gewollt, wer hat sie ausgeführt und wem brachten sie Nutzen?

Gott hat ja den Andern genau so lieb, er kann ja nicht nur der Gott der einen Seite sein? Es ist damals wie heute absurd zu glauben, irgend ein Volk oder irgend ein ethnischer Stamm könnte von Gott bevorzugt sein.

Was Kriege bedeuten oder sich etwas aneignen wollen, wenn solches auftretet, so ist dies einzig und allein dem Menschen zuzuschreiben und hat mit Gott nichts zu tun. Sicher glaubte manchmal ein Mensch, vielleicht hatte er Stimmen oder hatte gehört... aber er hat die Stimmen oder hat die Worte falsch ausgelegt. Und er glaubte fest daran diese Prophezeiung zu erhalten, denn er wusste ja, was das Volk von ihm wollte.

Dies ist dann über Jahrtausende übernommen worden und in der Bibel, unserem Heiligen Buch, entsprechend dargestellt worden?

Was übernimmt der Mensch? Schau dir dies an. Die Güte und die wahre Liebe der Bibel verneint er, dies gibt es nicht. Alles was zwischen Himmel und Erde geschieht, verneint er, dies gibt es nicht; ‹das bereichert mich nicht, damit kann ich meinen Besitz nicht vermehren.› Manche können Macht damit ausspielen und andere damit quälen – aber dies ist die andere Seite.

Aber was ‹sich bereichern› heisst, sich ‹etwas erkämpfen› heisst, auch wenn man damit vielen Menschen das Leben nimmt, wenn man sich Güter anhäufen kann, darin hat sich beim Menschen nichts geändert, dies hört er gerne und daran glaubt er sehr, sehr fest. ‹Gott will mir ja Gutes tun, er will mir dies doch geben.›

Und wenn es auf Kosten des Mitmenschen geht.

Der ist ja nicht ein ‹so gläubiger› Mensch, also zählt sein Leben ja nicht gleichviel...

Und die Menschen dazumal, bekämpften sich auch nur, weil ein gewisses Land, ein Erdteil vielleicht mehr Nahrung abgab, also bekämpften sie diejenigen die dort weilten. Und irgendwann wurde das in all diese Heiligkeit hineingetan und schon war es Gott-gewollt.

Denn schau, auch die Macht der Männer, die Macht der Priester oder das Beispiel Herodes, oder alle, die jeweils höher waren als das Volk, sie hatten die Macht und sie bestimmten, was durch einen strafenden Gott, der vernichtet, geschehen sollte und geschah.

Doch Gott hat nie weh getan. –

Die Frage nach Gott 24.11.89

Auf der Suche nach Gott fragt jeder zuerst einmal, wo ist Gott, und meist folgt dann noch der Satz, Gott hat sich vom Menschen abgewandt oder es gibt gar keinen Gott.

Gott fühlt man im Herzen. Gott sollt ihr in euren Herzen suchen, denn dort fühlt und spürt ihr Ihn.

Klammert euch nicht an Vorstellungen, die ihr übernommen habt, sie sind immer die Hemmschwelle die euch hindert, in euer Inneres hineinzugehen, wirklich in euer Herz hineinzuschauen und Gott in eurem Innern zu suchen und zu finden. Habt einmal den Mut, wirklich in euch selbst hineinzuschauen. Lasst all diese Worte, die ihr gelernt habt, einmal beiseite und geht tief in euer Herz hinein, denn dort fühlt ihr Gott. Und die Frage, wo ist Gott, die habt ihr dann nie wieder.

Dies ist eine falsche Vorstellung von euch, Gott ist nicht entfernt, Gott ist in euch. Gott hat sich nicht vom Menschen abgewandt, der Mensch hat sich von Gott abgewandt, deshalb kann er Ihn auch nicht fühlen. Ihr müsst Ihm nur eure Türe öffnen. Dreht den Schlüssel und öffnet die Türe. Gott wartet schon so lange, dass ihr Ihm euer Herz aufschliesst. Und wir aus der Geistigen Welt warten auf jeden einzelnen Menschen, dass er es tut. Es ist nicht so wie ihr glaubt, der Weg ist nicht weit. Verstehst du mich?

Ach, es hört sich alles so einfach an?

Es ist einfach! Aber dies, was euch das Gefühl gibt, es sei nicht einfach, dies ist euer ‹Ich›. Das Ego erzeugt Ängste, unbewusst, ‹dieser Mensch hat nun gemerkt, dass er auch ohne mich auskommt und ich kann ihm nun keine Probleme mehr bereiten›, also klammert es sich mit aller Gewalt an euch und gibt euch mit aller Macht sehr negative Gedanken. Das Ego bringt euch die Gefühle, die euch traurig stimmen und die euch ängstlich machen. Es ist euer Ich, euer Egoselbst, das die Einheit mit Gott zu hindern sucht. Es kämpft darum, dass ihr es behält – dies ist eure Hemmschwelle.

Lasst euch einmal wirklich los, lasst euch gehen und kämpft mit eurem Ich, und ihr werdet ein vollkommen anderer Mensch. Ihr werdet eine solche Liebe und eine solche Glückseligkeit erfahren und ihr werdet dann immer fröhlich sein, ausgeglichen und voller Liebe, denn dann spürt ihr Gott.

Er öffnet euer Herz und ihr sagt hinterher zu euch selbst: ‹Wie konnte ich mich nur solange besinnen?›

Aber versucht dies nicht nur im Intellekt zu vollziehen, sondern in euren Herzen. Um Gott zu fühlen, braucht es nicht den Kopf, sondern vor allem das Herz. Es ist euer Ego und euer Ich das euch hindert, euch den Weg versperrt zu Gott. Es stellt sich euch in den Weg und will euch von Gott abhalten. Aber jeder der Gott sucht, hat sich dies selbst so bestimmt, noch bevor er in sein Leben trat.

Der wahre Weg in Gott ist wunderschön, aber oft auch dornenreich und leidvoll. Der Anblick des Lichtes-der-Liebe aber, hebt alles Erduldete in einem einzigen Augenblick auf und entschädigt euch tausendfach. Dann singt euer Herz für Gott und ist voller Liebe, und ihr empfindet dann keine Angst mehr.

Jeder gehe diesen Weg nur so weit, als er aus ganzem Herzen bereit dazu ist. Vielleicht möchte er erst in einem späteren Leben vollenden. Nur – der Zustand dieser Erde verschlechtert sich stetig. Jeder Mensch muss dies für sich ganz alleine entscheiden. Das kann ihm niemand abnehmen.

Die Zeit der Wende ist angebrochen und es gibt nur diese zwei Möglichkeiten: entweder ihr entschliesst euch für einen Weg in Gott, oder ihr lasst es. Denn schaut, Wege die Viele nun spirituell oder geistig nennen, gibt es unzählige. Es sind Umwege für Menschen, die noch nicht bereit sind, den tiefen Geistigen-Weg zu gehen.

Bedenkt, die euch diesen Weg vorausgegangen, waren bekannte Mystiker; von vielen war nie die Rede – sie haben die Welt wieder unerkannt verlassen. Auch ihr Leben war voller Dornen. Aber sie waren dennoch voller Glückseligkeit. Auch sie kannten Zweifel und auch sie mussten Bitten und Flehen und kannten Momente, wo sie glaubten, Gott habe sie verlassen. Aber dies waren ganz alleine sie selbst. Wenn auch sie Gott eine Weile nicht mehr gespürt haben, dann hatten sie selbst sich von Gott abgewandt gehabt. Denn Gott ist immer im Menschen, immer.

Er wartet nur darauf, dass ihr ihn fühlt, und dass ihr Ihm eure Herzen öffnet. Dazu müsst ihr aber an euch arbeiten, und dies müsst ihr selbst tun. Ihr könntet Gott und auch uns fühlen – dies liegt an euch – wenn sich nicht immer wieder der Zweifel euer bemächtigen würde.

Zweifel ist ein Mangel an Liebe zu Gott. Mit jedem Zweifel, zweifelt ihr auch an Gott. Das aber müsst ihr beiseite lassen können. Wenn ihr Gott liebt, dann beweist es ihm auch. Lasst eure Ängste und eure Zweifel beiseite.

Denn wer Gott liebt, der braucht keine Angst zu haben und keine Zweifel; der geht in Ewiger Liebe. Und nach dieser Liebe sehnt sich der Mensch sein Leben lang, oft auch ohne dass ihm dies bewusst ist. Denn es ist der Weg der Seele, auch wenn der äussere Mensch dies verleugnet.

Geht in diese Liebe hinein, mit dieser Liebe, durch diese Liebe, handelt in dieser Liebe, lasst eure Zweifel und Ängste. Ihr könntet alle so voller Liebe sein und voller Fröhlichkeit! Voll von Ewiger Liebe, versucht es. Dann kann sich eure Erde erholen. Dann kann das werden, was werden soll!

Ihr tut euch keinen Gefallen, wenn ihr zweifelt. Öffnet euch für Gott und alles was euch belastet, lasst los. Lasst es einfach los, lasst es an euch vorüberziehen, nehmt es nicht in euch auf, frisst es nicht in euch hinein.

Du erklärst mir dies nun alles mit einer solchen Engelsgeduld und ich bedanke mich auch sehr dafür. Aber es hört sich doch einfacher an, als es ist, alles was uns belastet, einfach loszulassen, nicht in unser Gemüt aufzunehmen. Jeder Mensch hat doch mehr oder weniger schwerwiegende Probleme.

Es ist tatsächlich einfach, nur – ihr möchtet es nicht verstehen. Ihr stellt euch alles so kompliziert und schwierig vor, dabei gibt es nichts Leichteres als das.

Ihr müsst loslassen. Lasst euch selbst einmal los. Es ist der äussere Mensch, der dies nicht will. Denn wenn ihr euer ‹Ich› loslassen könnt, dann gehen die zwei andern mit ihm. Eure Seele wird von euch ständig unterdrückt und totgeschwiegen. Die Seele will sich selbst sein, sie will den äusseren Menschen loslassen.

Aber diesen Schritt müsst ihr selbst tun. Versucht es, es lohnt sich. Wenn ihr euren Weg mit Gott gehen wollt – und dies ist der Seele Bestimmung – dann tut es. Geht in Gott. Entscheidet euch. Wir stehen euch bei und helfen euch. Aber ihr versperrt uns während vieler Leben den Weg zu euch, den Zugang zu eurem Innern.

Denn ihr solltet Gottes Liebe in euren Herzen spüren, diese unendliche Liebe, die Vereinigte-Göttliche-Liebe, das Einssein-mit-Allem, mit dem ganzen Universum. Dann ist es vollbracht!, dann ist es vollbracht!

Des Menschen Geist – der Intellekt? 2.2.90

Geist und Intellekt sind zwei verschiedene Dinge, obwohl man, wenn man von einem wachen oder hellen Geist spricht, den Intellekt meint. Aber gibt es einen persönlichen Geist, wie es auch eine Seele gibt, oder gibt es nur Göttlicher Geist, auch Heiliger Geist genannt?

Ein Geist besteht für jeden Menschen, wie auch eine Seele, aber der Intellekt hat überhaupt nichts damit zu tun, der gehört zum grobstofflichen Teil des Körpers, und das ist ja auch deine grosse Schwierigkeit, du kannst ihn nicht weglassen!

Aber die Seele und der Göttliche Geist, der ist in dir; das ist dein Geist, man nennt ihn Geist oder Göttlicher Geist. Du hast also nicht eine Seele, einen Geist und einen Göttlichen Geist, sondern du hast eine Seele und ein Geist.

Geist ist also das, was in allem enthalten ist – was auch Gott heisst?

Ja, das ist das Alles-Vereinigende.

Und die Seele? Ist sie die Trägerin aller Erfahrungen der verschiedenen Leben?

Deine Seele geht von Leben zu Leben, sie ist von deinem Ursprung an immer bei dir. Sie begleitet dich in ein neues Leben, wenn du dir einen neuen Körper aussuchst. Dann lebt sie mit dir erneut dies Leben, macht die neuen Erfahrungen und lernt weiter. Und wenn ihr, wie ihr dies sagt, stirbt, kommt die Seele mit neuen, guten wie schlechten Erfahrungen zu uns nachhause zurück, mit allem was sie erfahren wollte oder lernen sollte. Zuhause – im Himmel, wie ihr sagt, kann sie das Erfahrene weiter verwenden und wiederum dazulernen.

Und wenn ihr etwas nicht begreift, nicht versteht oder loswerden möchtet, geht ihr in ein neues Erdenleben um weiterzulernen. Das geht so weiter, bis ihr eine alte Seele seid, soviel gelernt habt und die Rein-Inkarnation da ist, die letzte Inkarnation. Ausser ihr inkarniert freiwillig, um zu helfen.

Eine Seele kann in einem Leben sehr viel lernen. Es kommt immer darauf an, was ihr in diesem Leben erfüllt und wieviel ihr wirklich lernen wollt. Vielleicht lernt ihr noch mehr, als ihr euch bestimmt hattet. Je mehr eure Seele reift, je weiser kehrt sie zu uns zurück.

Damit könnt ihr ein Leben auslassen oder nehmt auch ein zusätzliches auf euch, je nachdem, ob ihr noch mehr lernen wollt, dies ist sehr unterschiedlich. Aber die Seele begleitet euch ewig, bis es dann zur Rein-Inkarnation kommt, dann seid ihr Geist.

Du sagtest mitunter von Leuten die überdurchschnittlich lebhaft sind, sich in jedes Abenteuer stürzen und sich voll Ausleben; sie seien Träger von neuen Seelen. Demgegenüber sprachst du aber auch von alten, ja uralten, weisen Seelen oder sehr hohen Seelen, die niemals inkarnieren würden. Dürfen wir wissen, wie sich eine Seele bildet, bevor sie sich bewusst in einen Körper begibt?

Dies zu wissen, würde euer Vorstellungsvermögen übersteigen.

Demnach sind auch alle Spekulationen hierüber, wie zum Beispiel, dass der Mensch vom Affen abstammen könnte, unzutreffend?

Dies ist Unsinn!

Gehet hin in alle Welt 31.7.89

Viele glauben heute noch, es sei ein Göttlicher Auftrag, Andersgläubige bekehren zu müssen, die doch auch an Gott glauben, heisst er nun Manitu oder Allah. Wird nicht auch das falsch ausgelegt, ‹gehet hin in alle Welt und predigt das Evangelium aller Kreatur›?

Dies ist eine kluge Frage, diese Frage ist wirklich berechtigt.

Schau, dies ist die Überheblichkeit der Religionen. Auch eure Kirche reiste in andere Länder, um mit Gewalt zu bekehren oder zu töten. Oder dunkelhäutige Menschen ihrer Freiheit zu berauben, sie hierher zu schleppen und auszustellen wie Affen im Zoo und sich über sie lustig zu machen.

Die Ursache ist die Kirche, diese Kirche hat grosses Unheil angerichtet im Namen Gottes – im Namen Gottes!

Viele dieser Menschen leben längst nicht mehr und sie wissen nun, was sie angerichtet haben. Auch sie sind unter diesen Wesen, die eine Erfahrung und eine Belehrung auf sich nehmen, vielleicht in einem Entwicklungsland, in einem Krisengebiet, in Slums und die ihr so bemitleidet. Aber sie wollen ihre Ruhe finden, indem sie so ein Schicksal auf sich nehmen.

Denn die Kirche hat sehr viel Unheil gebracht, und ‹Heiden› gibt es gar keine. Auch wenn einer nur an einen Stein glaubt – er glaubt – und ist voller Hoffnung und Liebe. Das zählt bei uns, das zählt bei Gott.

Ihr könnt nicht jemanden verurteilen der zum Beispiel Buddhist ist, oder jemanden der mit ganzer Innigkeit an Gott glaubt, ohne dass er je etwas von Buddha oder von Christus gehört hat.

Ihr habt auch kein Recht, jemanden zu verurteilen, der irgendwo geboren wurde, wo er nur die Natur kennen gelernt hat. Er liebt die Bäume, er liebt das Himmelszelt, er liebt das Wasser das an ihm vorbeifliesst. Er gibt all die Liebe und Demut da hinein, die tiefe Dankbarkeit und eine Ehrfurcht, die ihr alle nicht mehr kennt und er arbeitet damit, ohne dass er vernichtet – und er glaubt an all das.

Warum möchtet ihr einen solchen Menschen einen Heiden nennen? Da ist doch der tiefe Glaube noch lebendig? Er spürt Gott und all diese wunderbaren Herrlichkeiten, und er spürt die Vereinigte-Liebe, die in diesem

Erdteil und in dieser Zeit, bei euch Menschen hier, nicht mehr vorhanden ist. Christen sind nicht nur, die getauft werden und in die Kirche gehen, aber von all diesen Wundern und von dem ehrlichen Wort ‹Liebe und Demut› gar nichts mehr wissen.

Wenn jemand in die Kirche geht aus Gewohnheit – aber kaum hat er die Predigt verlassen, geht er nachhause und schlägt Frau und Kinder, ist bösartig zu seinen Mitmenschen und Untergebenen, aber am nächsten Sonntag geht er wieder in die Kirche – da sehen ja alle, dass er ein gläubiger Christ ist. Er hat keine Achtung vor seinen Mitmenschen, vor den Tieren vor der Natur. Den fühlen wir nicht als Gläubigen, wohl aber den Naturmenschen. Hast du noch eine Frage?

Ja, ich möchte noch wissen, was Jesus mit dem Wort ‹Evangelium› gemeint hat?

‹Das Evangelium›, mit diesem Wort hat er die Worte Gottes gemeint, die damals nicht sehr bekannt waren, ‹in unendlicher Liebe und Hilfsbereitschaft›. Dies sollte weitergegeben werden. Und dass man alle Kreaturen, alle Lebewesen liebt und achtet. Dies ist darunter verstanden, gesprochen und geschrieben worden. Nur – jetzt sind die Worte einwenig anders gesetzt.

Dass man alle Kreatur liebt und achtet   16.2.90

Du sagtest, ‹verkündigt das Evangelium aller Kreatur›, hiesse, dass man alle Kreatur lieben und achten sollte. Hunde, Katzen, Pferde um nur einige Beispiele zu nennen, haben doch auch Treuegefühle, ja Liebesgefühle einem Menschen gegenüber, haben sie denn auch eine Seele, und wie steht es mit kleineren und kleinsten Lebewesen?

Alles ist eins und jedes hat eine Seele, da kommt es nicht auf die Grösse an, es kommt auf das Sein an, auf das Werden, auf den Beginn. Und das was ist, hat Gefühle, hat Ängste, hat Hunger, es lebt, es stirbt. Und jedes gehört zum Andern, ist eins mit ihm und trägt also auch seine Seele mit, die es weiterbringt und weiter fühlen lässt, um weiterzugehen.

Dann sind ja Tierversuche jeglicher Art zum vornherein abzulehnen?

Ich glaube, dies muss ich erst gar nicht beantworten.

Pflanzen haben auch Bewusstsein, Gefühl und auch Seele – dies sagtest du eben – und dies wurde auch bewiesen mittels der Kirlian-Fotografie; wohin geht denn zum Beispiel das Bewusstsein eines Baumes, nachdem er gefällt wurde?

Auch diese Arten, diese Gattungen haben Ebenen zu denen sie aufsteigen, wo sie sich erholen, wo sie lernen, um wieder in den Kreislauf zu treten, oder mit allem eins zu werden, um nicht wiederzukehren – verstehst du das?

Ja... dann ist ja Gott dieses Bewusstsein in allem; in seiner ganzen Schöpfung ist Geist, ist Seele, ist Unzerstörbarkeit; es ist eine Feinstofflichkeit die alles zusammenhält. Wird Materie zerstört, dann gehen alle Seelen, fliesst alles Bewusstsein in Gott zurück. Also, auch Tiere, Pflanzen, Mineralien, Erde, Wasser, Luft und Feuer, alles wird gehalten durch diese Feinstofflichkeit, durch diese Geistkraft?

Richtig – alles ist eins und eins ist alles – für uns gibt es da keine Unterschiede!

Folglich schmerzt auch alles, was zerstört wird, alles weint und leidet?

Ja, alles hat seinen Schmerz oder – wie ihr es nennt – eine Träne, alles kann sich freuen und fühlen, ob etwas im Unguten oder in Liebe geschieht.

Sicher sind die Gehirne bei Tieren nicht ganz so weit entwickelt – und trotzdem, im Ur-Instinkt weiterentwickelt – als die der Menschen, denn sie fühlen noch das Natürliche, was bei euch abhanden gekommen ist. Aber alles fühlt und erträgt. Und wenn jemand sagt: ‹Es ist nur ein Stein oder dies ist ja nur Holz oder es ist nur ein Tier›, welch eine Überheblichkeit! Er stellt sich über alles, was vielleicht tiefer fühlt als er selbst – nur auf eine andere Art. Und jedes ist für jeden da!

Auch die Mineralien, mit denen ihr arbeiten könnt, ertragen einiges mehr, weil sie sich formen und bearbeiten lassen durch euch, aber sie sind nicht gefühllos, denn sie spüren auch bei der Arbeit die Freude, die ein Mensch mit ihnen hat, oder ob er es mit Gewalt tut, oder weil er muss. Diese Schwingungen übertragen sich und sie werden über Jahre das Ergebnis zurückstrahlen, das ein Mensch da hinein gelegt hat.

Dann sind ja ‹verwunschene› Edelsteine oder Glückssteine gar kein Märchen?

Nein, man kann sehr negativ auf alles in Gedanken oder in Worten einwirken, oder nur aus seinem Innern die Schwingungen mit sehr negativer Beeinflussung übertragen, so wie auch im guten und es bleibt dann an diesem Stück haften. Der Träger oder die Trägerin und der Besitzer oder die Besitzerin werden diese Schwingungen zu spüren bekommen und sie austragen und ein unglückliches Dasein oder Krankheit oder Tod erleiden.

Aber bedenke, auch diejenigen, die dies ausgestreut haben, wird dieser Kreislauf einholen. Jeder der jemandem Schaden zufügt, willentlich durch Gedanken, trägt dies, wenn auch nicht immer gleich im selben Leben, aber dann in anderen Leben aus.

Wäre es dann nicht auch möglich, ein derart negativ geladenes Schmuckstück oder einen Gegenstand, mit positiven Schwingungen wieder zu neutralisieren?

Du hast Recht, man kann den Bann auch brechen, man kann ihn auflösen, durch unendliche Liebe und durch viel Licht und ihn wieder neu zum Strahlen bringen durch andere Schwingungen.

Das Tier hat nun genug vom Menschen   28.2.01

‹Wenn der Mensch nun glaubt, die Gefühle von uns Tieren, seien weniger wert als die seinen, so hat er geirrt...

Ich brauchte viel Kraft, sie braucht viel Kraft, aber Liebe hilft, – und ob es für den Menschen Sinn macht, dass ich im Namen der Tiere zu euch Menschen sprechen darf, überlasse ich euch. Ich bekam Hilfe, ich bekam Worte, die ich in meinem Dasein als Tier, in dieser Form nie hatte:

Ich wurde gemordet von Menschenhand.

Wir kehren uns nur dahin, wo Liebe weilt.

Unsere Worte sollen euch nicht erschrecken – und es sind nicht die Worte, die ihr erwartet.

Aber vielleicht ist es eine Chance für euch, in euren Gefühlen daran zu denken, nicht oberflächlich oder jammernd dabei zu verweilen.

Ich bin eines der Tiere, die vor zwei Tagen umkam.

Gestern sprach sie, durch die ich spreche, folgende Worte: Wenn wir Tiere an des Menschen Stelle wären, der Mensch unter uns; wir würden die Menschen nicht umbringen. Aber wenn der Mensch sterben würde und wir hätten all dies was er hat, also würden wir ihn zu Mehl verarbeiten und ihm seinesgleichen ins sein Essen geben? Ich weiss nicht, wieviel es braucht um so gierig sein zu können...

Wir klagen niemanden an. Aber nun ist es so weit, dass auch das Tier nicht mehr kann! Liebe hält viel aus. Nun geht es nicht mehr! Die Seelen von uns Tieren, die nun aus widersinnigen und habgierigen Gründen ermordet wurden, werden nicht weiter gehen, sondern die Erde mit ihren Ängsten und ihrem Schmerz bedecken. Denn die Menschen – und wir meinen die, die ihren Profit, die ihre Gier, die ihre Lust an uns ausüben – müssen umdenken lernen.

Von jeher war der Kreislauf so gestaltet, dass auch wir uns gerne dem Schicksal ergaben und im normalen Rahmen unser Leben gaben, wenn die Nahrung knapp für den Menschen, der sein Tier liebte und es artgerecht hegte und pflegte. Denn wir sahen, wir sind eins und wir nützten ihm.

Aber der Mensch glaubte, wir sind nichts wert, ausser für ihn dazusein, geschlachtet und misshandelt zu werden. Seine Gefühle gingen von uns weg – die Achtung und die Liebe. Nicht alle Menschen sind so – dies wissen wir.

Heute aber schlachtet der Menschen viele von uns sinnlos dahin. Und ich darf diese Worte aussprechen, sie wurden mir gegeben; es gab eine Zeit, da der Mensch, Menschen umbrachte und verbrannte, man nannte dieses Wort, Holocaust. Nun sind wir dran; nur um uns weint keiner, denn wir sind nichts wert. Man kann uns wieder in die Unendlichkeit züchten und ermorden. Ich nehme dieses Wort bewusst, denn die Menschen, die uns das Leben nehmen, lieben uns nicht mehr, für sie sind wir Ware – ohne Gefühl.

Der Mensch, der über euch steht und über vieles verfügt, bringt auch Leid über euch. Denn ihr helft nun tragen die Ängste, das Leid, das sich Zurückziehen der Natur, das Fehlen der Gefühle von euch. Wir möchten aber den Menschen, die versuchen einen geraden Weg zu gehen, diese Sicht der Dinge als Chance geben, dass sie im Kleinen wieder beginnen, Gutes für ihre Tiere zu tun.

Diese Worte und warum ich hierher kam, sind eine grosse Bitte an euch. Denn wenn der Mensch nicht bereit ist, in Liebe an uns, die nun gegangen und gehen werden, zu denken im Gebet – viele Menschen werden, nicht verstehen, dass ein Tier, eine Tierseele euch bittet um ein Gebet, um ein Gebet das ‹die Menschen› erlösen soll – werden all eure Nachkommen dies auszutragen haben, was ihr heute, in dieser Zeit tut.›

Eine Tierseele wäre sonst nicht befangen; sie ist so rein, dass sie gleich von der Erde gehen kann. Diese Seelen aber die da sind, sind wegen dem Menschen geblieben. Sie verdunkeln die Erde und verhängen mit ihren Seelen das Licht. Das Licht strömt nicht mehr hindurch, sodass der Mensch nun selbst Leid tragen wird. Dies ist eine bewusste Aufgabe. Dieses Leid kann nun nicht mehr vom Menschen genommen werden.

Dieses Leid wird nicht weggehen als Prüfung an die Menschheit: ‹Wie glaubt ihr, wie lange betet ihr, wie intensiv geht ihr mit dem allem um? Wieviel vermögt ihr durch eure wahren, wirklich ehrlichen Gebete zu helfen? Könnt ihr euch mit diesen Seelen in Verbindung setzen? Sehen sie, dass es aus reinem Herzen kommt, oder wollt ihr diese Seelen ganz schnell los werden, damit es euch wieder gut gehe?

Oder entsteht in Zukunft ein wirkliches Umdenken, eine tiefe natürliche Liebe zu diesen Seelen, wie zu allen anderen Tieren? Dann werden sich einige Seelen entfernen. Aber es bleibt noch genug Leid zurück, das ihr in den nächsten Jahrhunderten tragen müsst und besonders in eurer Zeit. Ihr tränkt nun die Erde mit dem Blut der Tiere. Und eines Tages wird die Erde mit Menschenblut getränkt sein.

Geht nun jeden Tag, wenn ihr vielleicht ein Tier seht, in sehr grosser Liebe mit ihm um, segnet es in Liebe in euren Herzen, gebt ihm Liebe. Denkt an die, welche gegangen in Leid, sprecht ein Gebet für sie. Denn sonst wird der Mensch sehr viele Jahrhunderte dieses Leid zu tragen haben. Ihr habt nun die Chance, wenn ihr sie nutzen möchtet und nicht darüber lächelt, vieles aufzulösen.

‹Wir möchten dem Menschen diese Chance geben, denn Liebe versucht immer einen Weg zu finden. Damit nicht andere tragen müssen für das Schwere, das Menschen aus Gier, wiederum Menschen zufügen. Um ihm klar zu machen, dass das Tier nicht ein gefühlloses Wesen ist und der Mensch das Recht nicht auf seiner Seite hat. Keiner weiss, auf was er sich da einlässt.›

Denn wenn die Liebe nicht zurückkehrt für das Tier, für dessen artgerechte Haltung, gegen diese qualvollen Transporte, wo die Tiere hungern, verdursten, geprügelt und in Angst und Panik versetzt werden, wird es das grösste Jammertal des Menschen sein, das er je erlebt. Schaut, sie werden ja, was die Natur anbetrifft, fern gehalten. Es sind Naturwesen und man entfernt sie, man entzieht ihnen die Sonne, man hält sie nur noch zur Funktion, zur Abschlachtung, zum Verzehr. Weder sehen sie etwas Grünes, eine blühende Wiese, oder dass ein Mensch sie beim Namen ruft, der sie hegt und pflegt. Es ist sehr schnelle Aufzucht, mit Gewalt, mit Medikamenten, mit oft sehr brutalen Schlägen, mit Verletzungen und dann ab in den Schlachthof. Keiner geht auf ihre Angst und Verzweiflung ein, keiner liebt sie

‹Darum bitten wir euch, die ihr einen Weg der Liebe und des Lichtes sucht, betet für uns und seid gut zu all euren ‹Mitbrüdern und Schwestern›, die zwar nicht eure Sprache sprechen, aber unendliche Liebe sind.›

Wenn ihr aber bereit seid, diese Worte ernst zu nehmen, sie in eure Herzen und in Liebe aufzunehmen, werden wenigstens einige der Tierseelen weitergehen können, sodass es leichter für die Erde und für die Menschen wird.

Auch eure Genmanipulationen mit den Tieren richten sich gegen das Gesetz der Natur. Diese Tiere werden durch euch so verfälscht, sie werden so krank gemacht. Der Mensch geht auf die Stufe der Abartigkeit, er erträgt nichts mehr in seiner normalen Form. Der Mensch möchte alles verändern, weil er glaubt das Recht und die Macht dazu zu haben.

Was da nun geschieht mit Katzen, die ohne Fell gezüchtet werden, zeigt einmal mehr, dass der Mensch das Tier als Ware betrachtet. Das Tier ist eine Ware geworden; später wird er selbst zur Ware werden. Er nimmt dem Tier alles was es dem Menschen an Wärme, Geborgenheit, Schönheit gibt und verändert es in etwas steriles, kühles, zum Fühlen nichts mehr Angenehmes. Aber für ihn stimmt dies dann, weil er die Lieblichkeit, die Schönheit, das Normale nicht mehr erträgt.

‹Liebe begleitet euch, und wir wünschen euch, dass ihr die Liebe nie vergisst; nicht falschen Illusionen nachhängt, sondern lernt, eure Herzen der Liebe zu öffnen um den wahren Kreislauf wirklich zu verstehen.›

(Leider wurde zwei, drei Wochen später bereits eine weitere Schlachtung von 900 000 Rindern angeordnet – von gesunden Rindern.)

Was Gott angeblich alles tun soll 29.6.90

Während meiner Ferien in einem Klosterdorf, bot sich mir die Gelegenheit zu einem interessanten Gespräch mit einer ortsansässigen, älteren Frau. Schnell einmal kamen wir auf den Zwiespalt der Katholischen Kirche zu sprechen, der konservativen Haltung wegen.

Ganz erstaunt war ich über den so tief verwurzelten Glauben dieser Frau, – sie sprach aus einer so tiefen Überzeugung heraus, dass ich ihr, ihren Obrigkeitsglauben nicht streitig machen wollte. Aber seltsam muteten mich Worte an wie, ‹der Papst ist doch von Gott eingesetzt› und ‹unser Bischof, das isch e Märtyrer›?

Schau, diese ältere Frau hat wirklich tief aus ihrem Herzen gesprochen; sie glaubt daran. Für uns in der Geistigen Welt ist dies nicht von Bedeutung, wir spüren nur ihren Glauben! Sicher ist er sehr kindlich und einfach – und dies ist wunderschön. Und wir verurteilen auch nicht, dass sie so sehr an diesem Menschen hängt, denn sie ist nun der festen Überzeugung, dass der Papst wirklich durch Gott gewählt wird, ‹also muss er doch unfehlbar sein›, auch dieser Bischof, ‹der muss doch ein Märtyrer sein›.

Dies sind meistens solche Menschen, die von ihrer Kirche schon so in Besitz genommen wurden und gar nicht spüren, dass sie gar keine eigene Meinung mehr haben, sondern dass sie ja genau dies sprechen, was ihnen von der Kanzel gepredigt wird. Dies wurde ihnen ja nicht erst in ihren Erwachsenenjahren, sondern schon von Kinderherzen an beigebracht.

Der Papst ist ein Mensch und wird von Menschen gewählt, er handelt wie ein Mensch, er ist wie jeder andere Pastor oder Pfarrer – nichts ist da aussergewöhnlich. Aber da es ja so Brauch in euren verschiedenen Kirchen ist, dass da mehr oder weniger Prunk angebracht ist, mit sehr vielen Oberhäuptern, damit sie die Allmächtige-, die von Gott gesandte Kirche sei, denn sie haben ja ihren Papst – das brauchen die Menschen. Sie glauben, wenn sie all dies ständig vor Augen haben, dies sei heilig!

Es wird auch nicht gross von unserer Seite verurteilt, denn viele Menschen wachsen ja wirklich in sehr naivem Glauben da hinein.

Aber verurteilt wird von uns, dies ist jetzt der falsche Ausdruck, bedauert wird von uns und sehr oft mit schwerem Herzen – wenn wir dies mit euren

Gefühlen ausdrücken dürfen –, wenn wir hören, was Gott angeblich alles tut, und was Gott alles tun muss und soll, was von diesen Menschen, von euren Kirchvätern gesprochen und so dargestellt wird – und dies schon zu kleinen Kindern –, dass sie dann Angst vor Gott haben; dies macht uns sehr traurig!

Wenn der Mensch den Prunk braucht und er ihn selig macht, dann soll er ihn haben. Sicher ist es traurig zu sehen, dass man Menschen braucht um Anhimmeln zu können und nur so zu Gott zu gelangen, denn jedes Menschenkind kann doch in seinem Stübchen, auch wenn es noch so armselig ist, oder ob es gar unter freiem Himmel ist, den Weg zu Gott näher haben und tiefer glauben.

Aber es gibt Menschen, die in diese Kirchentradition eingebunden werden, in ihr erzogen werden und sich diese Tradition immer weiter auswirkt. Sie gehen dann in diese Kirche und sind sich daran gewöhnt und sie brauchen dies, in jungen Jahren weniger, aber je älter der Mensch wird, je mehr sucht er dann da Zuflucht.

Und die, die reinen Herzens sind – auch dort – die sehen wir! Aber es ist schon so, dass auch diese gute Frau sich da etwas verblenden lässt, aber in einem sehr guten und positiven Sinn, denn sie weiss es ja nicht anders und Tausende und Abertausende von Menschen auch nicht.

Sie gehen in tiefem und reinem Herzen und glauben wirklich so sehr an den Papst und an ihre Kirche – dafür werden sie von uns geliebt –, denn sie tun dies in dem festen Glauben in dem sie erzogen worden sind.

Für uns ist es nur erschütternd, jene sehen zu müssen, die sich als Oberhaupt vor diese Kirche stellen und seit Jahrhunderten predigen, wie Gott die Menschen bestraft. Oder wieviel umgebracht wurden, indem man ihnen den Glauben aufzwang ‹in Gottes Namen›! Wie man sich bereichert hat ‹in Gottes Namen›! Das ist es, was uns traurig macht. Hast du noch Fragen?

Der Zwiespalt für jene die längst durchblicken, bleibt also bestehen, es sei denn sie ziehen ihre Konsequenzen?

Es ist ein Umdenken – es wird noch einiges geschehen müssen.

Der Segen Gottes 18.5.90

Was geschieht, wenn der Segen Gottes erteilt und was, wenn er empfangen wird?

Wenn jemand das Zeichen des Kreuzes macht und sagt: ‹Ich segne euch im Namen des Vaters, des Sohnes und des Heiligen Geistes›, so ist dies für euch Menschen ein wundervolles Gefühl – es ist etwas Wunderbares.

Denn wenn jemand diese Worte ausspricht, fliesst die Göttliche Gnade, die Göttliche Liebe und der Göttliche Strom so stark durch ihn und weiter auf die andern Menschen hinüber; und dies wird von euch aufgenommen.

Obwohl jeder Mensch ein Gotteskind ist und Gott in sich trägt, ist es so, dass euch die Sphären in diesem Moment ganz umhüllen, und ihr in eine unsichtbare, unvorstellbar schöne – wie ihr sagt – Wolke eingehüllt seid. Wenn das jemand von euch sehen würde, möchte er gar nicht mehr hinaus. Ihr seid dann in einer unendlichen Liebe, die ihr euch niemals vorstellen könnt!

Aber viele von euch empfangen den Segen auch sehr oberflächlich oder als das übliche Muss. Das sind Menschen die geistig noch nicht gereift sind; für die das noch unangenehm ist und die sich noch nicht gerne segnen lassen. Es ist für sie etwas Überflüssiges, etwas Altes, etwas Verstaubtes, und sie möchten lieber gar nichts damit zu tun haben.

Aber die wirklich wissen, was ‹Segen› bedeutet, und für diejenigen, die das Geistige suchen, bringt gesegnet werden, wie der Segen selbst, sehr viel; sie sollten sich ganz diesem Segen öffnen.

Ihr bekommt dadurch immer mehr Kräfte und ihr werdet dabei auch immer weiter geöffnet. Aber ihr erhaltet den Segen nur wirklich, wenn euer Verlangen aus eurem tiefsten Innern kommt, nicht nur aus der Oberfläche; denn dann würden wir euch nicht Segnen. Hast du noch Fragen?

Wenn derjenige der segnet, den Segen aber nur oberflächlich erteilt, oder dies fast zur Pflicht wird; können da die geistigen Kräfte noch wirken?

Dies hat keinen Einfluss! Wenn der Mensch der ihn erhält, in seinem Innern wirklich sehr an diesen Segen glaubt und diesen mit kindlicher Freude empfängt, dann hat es für diesen Menschen die gleiche Auswirkung.

Dann kommt es nicht auf den Glauben dieses Pfarrers oder dessen der ihn ausspricht an, sondern es kommt auf die welche ihn empfangen sollen an!

Sicher ist es traurig, dass manche die sich Geistliche nennen, oberflächlich segnen. Aber – wie dies bei euch Menschen ja leider so ist – dies was man sehr oft tut, wird zur Pflicht, zum Muss, das ist schade. Denn dieser Mensch selbst, empfängt dann den Segen für sich selbst nicht mehr so intensiv – das macht ihn unglücklich und er weiss gar nicht, warum er unglücklich ist.

Aber für denjenigen Menschen, der ihn aus reinem Herzen und mit der richtigen Gesinnung empfangen möchte und wirklich daran glaubt, erleidet dies keinen Abbruch – er empfängt unsere Liebe ganz!

Das Kreuz – und Gottes Licht als Schutz 9.12.89

Beim Segnen sind wir eingehüllt in ein wunderbares Licht, du sprachst auch von einem täglichen Schutz den wir benötigen um ungute Gedanken und Wünsche von andern von uns fernzuhalten?

Ja schaut, sich gedanklich mit Licht einhüllen, einen Lichtkreis um sich ziehen, bedeutet Gotteslicht, Gotteskreis, Gottes Schutz – damit schützt ihr euch vor dem Negativen.

Benutzt diesen Kreis, stellt ihn euch vor, sehr intensiv und sagt vor euch hin: ‹Ich ziehe den weissen Schutzkreis, oder auch den Göttlichen Lichtkreis um mich›, und denkt dabei tief an Gott! Dann seid ihr geschützt und niemand vermag euch Böses anzutun oder zu wünschen. Zieht ihn auch untertags, wenn ihr irgendwohin geht um euch. Denn schaut, alle die ihr in Gott geht und im Lichte seid, seid sehr offen und für alles anfälliger. Das weiss auch die andere Seite.

Auch die andere Seite möchte Seelen gewinnen, da kann euer Glaube noch so fest sein; wenn ihr nicht aufpasst und einen sehr starken Willen aufbringt, könnte man euch auf die andere Seite ziehen. Oder ihr könnt so stark beeinflusst werden, dass eure Zweifel immer grösser werden. Und ihr wisst, jeder Zweifel entfernt euch mehr von Gott und von euch selbst, denn Zweifel verblendet euer Herz und eure Augen.

Darum schütze sich jeder Suchende täglich mit dem Göttlichen Licht! Denn schaut, der Weg ins Geistige ist ein heiliger Weg und ein wundervoller Weg, aber ihr braucht Schutz, und den müsst ihr euch selbst erbeten! Es ist nicht so, dass ihr, weil ihr an Gott glaubt, den Gottesweg unter die Füsse nehmt, euch in Sicherheit wiegen könnt und glaubt, euch könne nichts passieren, denn auch die andere Seite ist stark und hat ihre Kräfte, auch sie wollen Seelen gewinnen. Also seid ewig auf der Hut! Vor Weihwasser, dem Vaterunser und dem Kreuz fürchten sich solche Wesen tatsächlich, und sprecht immer den Namen Gottes aus.

Du wolltest davon bis heute nichts wissen, weil du glaubtest, du gehst in Gott und das genüge dir. Aber ich bitte dich, schütze dich von nun an. Alle die den Gottesweg gehen und Licht um sich verbreiten werden bearbeitet; das möchte die Dunkelheit unterbinden, denn sie wissen auch, dass in dieser besonders heiligen Zeit ein grösserer Ausbruch stattfinden wird, und dieses wird ein grosses Wehklagen auf der anderen Seite hervorrufen, denn sie wissen nun, dass eine sehr grosse Kraft auf dieser Erde ist.

Da war ich immer sehr gutgläubig, ich werde es beherzigen und aufschreiben.

Es ist nicht deine Schuld, es ist deine religiöse Erziehung, denn die sie dir übermittelt haben, wussten es nicht besser, ihnen wurde dies genauso beigebracht, und du hast mit deinem Herzen und deinem gesunden Menschenverstand so gehandelt und entsprechend geglaubt in Gott zu gehen; nur wird dir einiges durch die kirchliche Erziehung verblendet und dir schwer gemacht.

Umhüllt euch mindestens zweimal am Tag mit dem Göttlichen Weissen Licht, denn wenn ihr schutzlos seid, wird dies von der anderen Seite sehr schnell wahrgenommen – und ihr seht nicht, wenn ein Wesen in euch eindringt. Aber ihr werdet vielleicht nach einiger Zeit spüren, dass ihr nicht mehr euch selbst seid.

Tut dies sehr ernsthaft und regelmässig, denn verlorene Geistwesen haben sehr schnell Besitz von euch ergriffen. Aber auch Wesen, die negativ sind, und andere Menschen umgeben; wenn sie spüren, dass ihr ungeschützt seid, so können sie in euch eindringen – das ist ein voller Sieg für die dunkle Seite.

Dann können wir euch nicht mehr helfen – des Menschen Wille wird immer respektiert –, selbst dann, wenn ihr langsam auf die andere Seite gezogen werdet. Ihr selbst merkt es zwar nicht, ihr merkt nicht eure Veränderung, aber ihr werdet verblendet sein. Auch wenn man euch sagen würde was mit euch geschehen ist, ihr würdet es nicht glauben und darüber lachen, denn dann denkt ihr schon für die Anderen.

Darum versucht euch regelmässig – ich betone regelmässig – zu schützen. Dies könnt ihr im Geiste tun; wenn ihr sehr intensiv in eurem Geiste daran denkt und dies auch wollt, ein paarmal wiederholt, dann ist es gut. Schützt euch auch, sooft ihr in grosse Menschen Ansammlungen oder Einkaufszentren geht, vergesst dies auch nicht, bevor ihr einschläft.

Es ist aber eine Illusion zu glauben, wenn man sich regelmässig schützt, nie etwas zu spüren bekommen zu müssen an Stössen, an Stichen, oder dass man Stellen am Körper aufweist, die einem brennen. Es ist nicht so, dass man Schutz dann nicht mehr braucht, wenn man geistig arbeitet. Wie schnell verfällt auch da ein Mensch der Gleichgültigkeit, und Gleichgültigkeit lässt Einflüsse zu, die ihm schaden. Es wird ihn immer wieder etwas berühren, das ihm zeigt, gib acht, es sind noch andere Kräfte am Werk.

Es ist auch ein Geschenk, eine Gnade – und dies hat nichts mit Frömmigkeit, mit Heiligkeit, mit Reinheit und was ihr euch alles unter all diesen Worten vorstellt zu tun, es hat auch nichts damit zu tun, dass jemand fehlerhafter ist, jemand schlechter ist, jemand seine Heiligkeit und sein weit sein nicht so rein erhält –, sondern es ist immer wieder einen Fingerzeig:

‹Mensch bedenke deinen Weg, du suchst das Licht und schreitest dem Lichte zu, du möchtest für das Licht da sein und möchtest Licht erhalten und weitergeben. Sei aber immer auf der Hut, denn eines jeden Weg wird auch begleitet von der andern Seite, um irgendwann zu erreichen, dass einer still und leise auf die andere Seite gezogen werden kann, so wie er in Überheblichkeit verfällt und sich nicht mehr schützt.›

Darum wird dem Menschen immer wieder einmal gezeigt, wie kräftig jene Seite sein kann, wie viele Praktiken es auch da gibt, wie man euch erreichen kann, ob es auch unangenehm sei. Wer den Weg geht, wird immer beide Seiten des Weges kennen lernen. Das Licht geht immer mit ihm, aber auch die dunkle Seite. Und wenn er den Weg des Lichtes geht, wird er geschützt – aber wenn für ihn die Zeit da ist, wird ihm auch wieder einmal ein Fingerzeig gegeben:

‹Beachte, ein ganz stiller Wegbegleiter geht ebenfalls neben dir her und belauert und beobachtet dich, darum sei auf der Hut, schütze dich und werde dabei nie überdrüssig, sondern tue es sehr, sehr bewusst.›

Wir begleiten euch immer, aber je weiter ihr des Weges geht, je stärker werden auch die andern Kräfte. Und sie belauern euch und gehen mit euch. Also seid da nie ungeduldig, sondern seid euch bewusst, wenn ihr wieder etwas spürt, so ist dies eigentlich ein Zeichen der Gnade.

Es soll euch auch immer wieder Fingerzeig sein, dies und jenes können sie tun, aber nicht alles, denn auch wir sind für euch da und wir schützen euch! Und die andere Seite wird irgendwann erkennen müssen, wir können sie versuchen, aber ihr Wille und ihre Liebe zum Lichte ist so stark, dass was immer wir mit ihnen anstellen, sie ihren Weg nicht verlieren. Und wenn sie spüren, dass man sogar das Leben dafür hingeben und sagen würde: ‹Nehmt mir meinen Körper, nehmt mir mein Leben, aber meine Liebe, meine Seele und mein Geist gehört dem Lichte.› Was für eine schönere Gnade möchtet ihr da noch erhalten?

Um das Göttliche Weisse Licht könnt ihr auch täglich für die ganze Natur, die Mineralienwelt, die Kreatur, die Tierwelt bitten, für die Elemente, Feuer, Wasser, Luft und Erde, sowie für die Gestirne: Sonne, Mond und Sterne, mit dem blauen Planeten Erde.

Bittet in dieser Zeit sehr bewusst, dass Frieden in die Herzen aller Menschen einziehen möge. Die dafür offen sind, werden es annehmen können und gestärkt werden, die andern werden es bei ihrem Heimgang wahrnehmen und dann sehr brauchen können.

Auch wenn nun Umwälzungen auf euch zukommen, so wird dies Licht für das Überleben und für den Neubeginn gebraucht werden.

Botschaften der ‹Geister›   15.2.91

Diese Woche erschien in der Zeitung ein ganzseitiger Artikel über Botschaften der ‹Geister›; es wird unter anderem ein Buch zitiert, eine Arbeitshilfe für Personen die Jugendliche betreuen, wie man mit Geisterglauben umgehen kann. Da heisst es u.a. okkulte Reinkarnationsvorstellungen sollen gegen die christliche Botschaft der Auferstehung abgegrenzt werden?

Es ist schade, wieviel Menschen an einer Schüssel zerbrochen werden können! Dies geschieht im Namen der Kirche! Sie die doch glauben und wissen – und gerade sie –, dass es mehr zwischen Himmel und Erde gibt. Sie sprechen von Gott, von Maria, von Jesus Christus, von Jüngern und Heiligen; auch einige von ihnen waren Gottes Sprachrohr und sind es noch heute!

Ist ihnen bewusst, dass sie auch sie verurteilen, dass sie diesen Zweifel auch ihnen antun? So zweifeln sie doch die ganze Bibel und den ganzen Glauben und auch Gott an? Dann wäre ja alles okkult! ‹Was› ordnen sie da alles dem Okkulten zu? Und was verstehen sie unter schwarzer Magie?

Sie sollten sich da besser informieren, denn da können sie wieder viel Unheil anrichten. Die ganzen Botschaften und Stimmen, gerade ‹ihrer› Heiligen werden da ja nun mit okkulten Praktiken gleichgestellt!

Frage dich da einmal, was das für Seelen sind? Warum wollen sie nun ihre Jugendlichen – wenn sie wirklich wahre, geistige Interessen am Guten haben, am Licht, abhalten sich Gedanken darüber zu machen, dass es mehr zwischen Himmel und Erde gibt, und dass es ‹wirklich› Menschen mit Göttlichen Kräften gibt?

Warum will man in den jungen Menschen schon das Dunkle sehen? Bedenke die Zeit die kommen wird; das sind dann genau jene, welche die Wahrheit wieder anzweifeln werden. Gott gebe der Menschheit, dass sie endlich ihre Seele ins Licht stellen darf; hier bekommen sie wieder einen Nährboden, der ungut ist!

Und darum, kannst du mich vielleicht verstehen, weshalb wir bitten, dass durch Einige, die das lesen und glauben können, das Licht erstrahlen wird – gegen solche Sturheit.

Die innere Kraft aufzubringen, um gegen solchen Unsinn und solche Anfechtungen zu bestehen, dies braucht viel Mut und Kraft. Irregeleiteten Menschen die wahre Hilfe zu geben und für sie dazusein, braucht nochmals Kraft. Und da muss man so gefestigt sein und nicht wankelmütig werden andern gegenüber, aber auch nicht – ein sich selbst auf den Scheffel stellen wollen mit geistigen Fähigkeiten.

Wir hoffen, dass alle, die nun wirklich begreifen, verstehen und fühlen lernen um was es geht, einmal so weit sein werden, solchen Jugendlichen den tiefen Geistigen Weg aufzuzeigen, der Liebe, Bescheidenheit und Demut heisst und eine klare Unterscheidungskraft aus Gott und nicht aus dem Intellekt.

Wie geht man mit negativen Kräften um? 18.10.91

Wenn jemand um sich unangenehme Wesenheiten wahrnimmt, Klopfzeichen hört, was hat das zu bedeuten, wie geht man damit um, kann dies den tiefen Geistigen Weg gefährden?

Schau, wenn im Innern Unsicherheit da ist, oder man weiss, dass irgend Wesen um einem sind, vielleicht schon von früher, die nicht im Lichte stehen, und man glaubt, man könne mit diesen Wesen vereint den Weg gehen und sie dann irgend später einmal wegschicken; dies geht nicht.

Wenn man diesen Weg geht, gibt es nur ‹eine› Möglichkeit: ihr wisst ihr wollt den Lichtweg gehen also geht ihn auch. Sonst geht ihr den andern Weg. Wie tief euch euer Lebensweg ins Dunkle führen kann; auch das entscheidet ihr selbst.

Wenn man weiss, dass irgend etwas aus einem bestimmten- oder unwissenden Grunde um einem ist, das nicht von der Lichtseite kommt, dann gibt es nur eines; es mit entschiedener Konsequenz und im selben Moment, sofort wegzuschicken, mit solch einer tiefen Bestimmtheit, dass es weiss, dieser Mensch meint es ernst, auch wenn ich ihm nun für einige Zeit Schwierigkeiten bereite und er steht sie durch. Denn er geht den Lichtweg bestimmt. Aber wenn da ein hin und her Denken ist, ein Zweifel, ein Zerfragen, spüren diese Wesen gleich, dieser Mensch meint es nicht ganz so ernst oder er möchte auf längere Zeit prüfen.

Schau, es gibt nur eines, entweder ihr geht diesen Weg ins Licht oder ihr geht ihn nicht. Das was bei euch vor euren Füssen liegt, dies ist von euch selbst. Und wenn ihr diesen Weg unsicher geht und ihn stets nur zerfrägt, haben andere Wesen sehr leichtes Spiel, ganz unmerklich – euch nicht bewusst – zu euch zu treten und mit euch umzugehen. Ihr werdet von ihnen diktiert – ihr spürt es nicht einmal. Auch spürt ihr eine sehr lange Zeit nicht, dass ihr gar nicht mehr ins Licht schreitet.

Dieser Weg kann nur mit einer solch tiefen Willenskraft und tiefem Glauben und Vertrauen gegangen werden, ohne den kleinsten Funken eines Zweifels oder eines Zerfragens.

Wenn man weiss, es ist etwas um einem, das nicht sehr behaglich ist, warum will man es dann weitertragen und schickt es nicht gleich in derselben Minute, in der man dies verspürt oder etwas hört. Dazu braucht es keine übermässigen Praktiken.

Sobald ihr nur das Geringste spürt, schickt diesen Wesen sofort das Göttliche, Weisse Licht und eure ehrliche Liebe und sie werden gehen. Den Namen ‹Gott› können sie nicht ausstehen. Das Licht ertragen sie nicht und müssen von euch weichen, aber sie bekommen davon wie ein Depot um sich, das ihnen dann hilft, wenn auch sie sich einmal wieder dem Licht zuwenden werden.

Es kommt auf den Menschen selbst an, wie stark wirklich sein Wille ist. Und wenn der Wille nicht überzeugend ist, ist immer wieder eine Hintertür offen, und die wird sehr schnell noch weiter geöffnet. Hast du dazu noch Fragen?

Es sind also nicht Kräfte, es ist immer ein Wesen?

Ja, denn die Kraft kommt von einem Wesen.

Spricht man mit Geistwesen, die im Dunkeln sind und die sich durch Klopfen bemerkbar machen, gleich wie mit allen Verstorbenen und noch der Erde verhafteten Wesen? Du hast jetzt gesagt, es kommt auf den eigenen Willen an, auf die Bestimmtheit, es braucht dazu keine Praktiken. Kann man denn auch diesen Wesen Gebete, viel Licht und viel Liebe übermitteln?

Ja Kind, und all dein Inneres in Göttliches Licht zu hüllen.

Schau, manchmal erzeugt man auch selbst so ein Klopfen, wenn in einem selbst etwas nicht stimmt. Es kann auch von einem Menschen selbst ausgestrahlt werden – aus seinem Innern. Aber dies bedeutet, dass man in seinem Innern dann arbeiten muss, und zwar sehr stark und sehr säubern muss. Und das mit dem Göttlichen Licht und einer enormen Willenskraft.

Denn da wird zuviel Unsinn getrieben mit all diesen Austreibungen. Einige helfen, wenn sie wirklich von tiefem Wissen her rühren. Aber nicht die abartigen Zeremonien, die da manchmal gemacht werden, um den Augen mehr zu bieten, als sie wirklich nützen.

Wer den Lichtweg gehen will, muss ein sehr starker Wille besitzen, denn Prüfungen und Begegnungen können auf jeden zukommen. Der Mensch selbst steht dann vor der Entscheidung, mit wem er gehen will. Gibt er der

Schwäche nach, schreitet er den andern Weg. Aber geht er seinen Weg sicher, trotz Schwierigkeiten, die auf ihn zukommen und die ihn zweifeln lassen, ‹ja bin ich nun doch den falschen Weg gegangen, dies kann doch auf dem Lichtweg nicht geschehen›, oder ‹mir kann dies doch nicht geschehen, ich bin doch schon zu weit›?

Sonst, ehe er sich versieht, steht er auf dem Weg, von dem er geglaubt hat, dies würde ihm nie passieren. Denn manchmal bedeutet für euch auch eine Prüfung, dass auch auf eurem Weg, der lange Zeit ziemlich ruhig verlaufen ist, plötzlich mehr an Entscheidungskraft gefordert wird, welchen Weg man nun denn einschlagen will, oder euch auch nur wieder einmal zeigt, werdet nie oberflächlich.›

Denn auch darin bekommt ihr Prüfungen, achtet darauf, sie können auch von euch fordern, dass bei euch nicht immer alles so glatt verläuft. Auch wer daran zweifelt, dass er immer noch im Göttlichen steht, begibt sich dann auf ‹die› Seite, die ihm im gleichen Augenblick das Bessere verspricht, das Ruhigere, das leichtere Gehen, und dann ist er in die Verblendung gegangen, denn die hat im Moment zusehr gestrahlt. Hast du dazu noch eine Fragen?

Ja, also du hast gesagt, dass man zum Beispiel ein Klopfen selbst auslösen kann, – wie ist denn das zu verstehen?

Dies kann durch das Innere erwirkt werden, wenn es unrein ist. Dann kann man sehr viel Negatives ausstrahlen. Aber man kann auch andere Ursachen damit erzeugen, nicht nur das Klopfen, wenn etwas Negatives in oder um einem ist. Nicht bei allen Menschen, aber bei manchen sind die Schwingungen durch das Negative derart stark geworden, dass es sich durch verschiedene Zeichen bemerkbar macht.

Du sprachst einmal davon, dass es auch vorkommen kann, dass die andere Seite einem mit massiver Kraft vernichten möchte, und dies einem bis zu einem gewissen Grad, ebenfalls Prüfung ist.

Schau, gewisse Dinge treten, wie gesagt, an jeden Menschen heran, und die muss er durchstehen.

Dann ist dies auch nichts Aussergewöhnliches?

Nein, dies gehört auf den Weg, dies ist normal.

Also, man ist immer gefordert zu unterscheiden, man kann ja auch ein Unser-Vater sprechen.

Ja, und sich nicht in etwas hineinsteigern und sich nicht mit dieser Seite abgeben, auch gedanklich nicht, indem man Angst hat, denn dies öffnet ihr Tor und Tür.

Du sprachst von Reinigen; wie kann man sich bei unguten Gefühlen oder Geschehnissen um einem herum reinigen?

Wie wir schon einmal gesagt haben, könnt ihr dies mit dem Räuchern von Räumen tun. Ihr könnt euch aber immer gedanklich in das Göttliche-Weisse-Licht einhüllen, oder visualisiert die blaue Farbe um euch und durch euch. Blau ist die Farbe des Erzengels Michael.

Wenn ihr nicht wiedergeboren seid... 28.6.91

Ein Wort des Apostels Paulus sagt: ‹Wenn ihr nicht wiedergeboren seid, werdet ihr nicht in das Reich Gottes eingehen›, wie ist das gemeint?

Wiedergeburt gibt es im mystischen Sinn, aber es gibt sie auch für die Menschen die nachhause kehren, sie werden dort wiedergeboren, und wenn sie wieder erneut inkarnieren, werden sie auf der Erde wiedergeboren.

Aber die wahre Wiedergeburt geschieht, wenn der Weg des Geistes, den letzten Weg antritt und er die Mystische Wiedergeburt erlebt. Dies geschieht einige Male während eines Lebens, wird aber jedem Menschen symbolisch gezeigt, wenn sie kurz bevorsteht oder hinter ihm ist. Dies kann sehr verschieden erlebt werden.

Also, der Mensch ändert sich, er ändert seine Haltung, seinen Lebenswandel?

Richtig, schau, es ist immer wieder eine Stufe die du weiter gehst. Dann wirst du abermals wiedergeboren, durchlebst den mystischen Tod und kommst auf eine höhere Stufe und wirst dort wiedergeboren. So schliesst sich der Kreislauf bis dein Wissen ganz offen in dir hinaufgestiegen ist und du es weitergeben kannst – bis du dann nachhause gehst.

Dies ist die Wiedergeburt deines Seins in der Heimat und dein Sein aber auch, dass du dein Geistiges-Wissen noch auf der Erde gegeben hast, dass du in dir geschehen liessest, um den Heimweg wiederzufinden, um zu verstehen, dass es wirklich mehr zwischen Himmel und Erde gibt, dass es viele Leben gibt, dass es auch ein Weiterleben gibt, das niemals endet. Hast du da noch eine Frage?

Du sagtest, dies wird jedesmal verschieden erlebt. Hat nicht auch der Traum vom Tod etwas damit zu tun?

Wenn man vom Tode träumt, braucht man keine Angst zu haben. Es bedeutet weder Unheil, noch Unglück!

Es bedeutet, dass du wieder ein Stück von deinem irdischen Körper, von deinem irdischen Denken, von dem Materiellen, entfernt hast, Abschied genommen, es fallen gelassen hast, um wiedergeboren zu werden und weiter zu gehen.

Und je weiter du die Wiedergeburt und den mystischen Tod erlebst, je eher wird auch die mystische Vereinigung auf dich zutreten und dann die Hochzeit. Aber darüber schweigen wir, dies muss jeder durchleben und er weiss es dann.

Angst vor dem Sterben – Angst vor Gott 4.1.91

Leider ist es so, dass heute nur etwas gilt, wer gut geschult ist, wer es in materieller Hinsicht zu etwas gebracht hat. Die ethischen Werte werden mit Füssen getreten und das Gute, das Tiefere im Menschen wird belächelt oder auch verneint.

Der Mensch lernt sehr schwer, wenn es um die wirkliche Wahrheit und Liebe geht – darin ist er taub und gefühllos, er hat sogar Angst davor, denn dann müsste er sich ja selbst kennen lernen – und dies ist nicht leicht. Es ist viel leichter, materiellen Gütern nachzueifern, ohne Gefühle, und allen Menschen und sich selbst ein Theater vorzuspielen, um nicht mehr selbst Leben und Fühlen zu müssen.

Das macht den Menschen krank, daran leidet er und geht zugrunde, denn er kann nicht mehr leben, er kann nicht mehr fühlen, er treibt nach Reichtümern und Macht, er geht über Leichen, er will weder seine Mitmenschen, noch die Natur verstehen. ‹Denn das was zählt, liegt auf der Bank, ist um mich herum, mir geht es ach, so schlecht, dem andern nicht, und geht es mir einmal wirklich schlecht, so spiele ich den andern etwas vor›. Man gesteht sich keine Gefühle zu, und wenn man welche hat, ist man krank im Kopf.

Darum seid ihr ja in der Wendezeit, – die Grosse Wende, die wird kommen – und es wird wirklich ein Wehklagen und Zähneklappern sein.

Meinst du vor allem hier, wo materielle Güter das Wichtigste sind, weil man durch jeden Krieg der ausbrechen kann, alles verlieren könnte?

Ja, aber dies ist dann nur wieder der kleine Anfang. Es wird noch mehr Leid kommen, es werden Erdbeben geschehen und Seuchen ausbrechen, und die Menschen werden in grosser Armut leben.

Sicher ist es aber nicht nur die Angst vor Verlust an materiellen Gütern, sondern auch Angst, sein Leben lassen zu müssen, Angst vor dem Tod?

Schau, dies ist schwierig, denn die Wurzel wurde da gekrümmt. Der Tod wird als etwas Furchtbares dargestellt, manchmal als etwas Endgültiges. Weil ja die Kirchen über all die Jahrhunderte meistens gepredigt hatten – sicher auch von Auferstehung – aber von Verurteilung. Für die Vielen, die nicht an diese Auferstehung glauben, ist es dann hart, wenn sie denken müssen, ‹nun habe ich so gerackert mein ganzes Leben lang und dann werde ich alt und muss alles zurücklassen, wo ist da die Gerechtigkeit›.

Schau, wenn man euch, aber dies liegt schon Jahrhunderte zurück, wirklich noch so erzogen hätte und den wahren Glauben leben würde, mit Gefühl, wäre der Tod nicht etwas Schreckliches, nicht etwas Furchtbares, denn der Bruder Tod trägt euch ins wahre Leben. Er gibt euch die Chance wieder nachhause zurückzukehren.

Eigentlich sollte man ihn sehr lieben, ihn lieben mit einer grossen Demut und Ehrfurcht. Denn nur er kann euch dieses Tor wieder öffnen. Er gibt euch die Chance, den kranken, alten, grobstofflichen Körper zurückzulassen und wieder frei zu werden. Sicher verläuft nicht jedes Ableben angenehm, aber es hat alles seinen tiefen Sinn, warum jemand leichter von dieser Erde geht und der andere schwerer.

Jeder geht den Weg, den er muss, oder den er sich ausgewählt hat. Und für viele Menschen ist der Tod etwas Furchterregendes, weil eben manchmal ein grosser und schwerer Leidensweg damit verbunden ist oder der Tod auch grausam werden kann. Denn nicht alle schlafen friedlich hinüber; manchen wird auch ein gewaltsamer Tod zugefügt, und darum glaubt der Mensch, ‹der Tod kann nur furchtbar sein, man spricht besser nicht von ihm›. Viele glauben noch, man zöge ihn heran, wenn man von ihm spräche. Und dies ist schwer zu ändern, diese Wurzel sitzt zu tief.

Man kann höchstens sehr behutsam in ganz kleinen Schritten vorwärts gehen mit Menschen die etwas offener sind, und immer wieder warten, bis man spürt, sie verstehen nun etwas mehr. Und wenn die Zeit für sie kommt, ihre Seelen im Stillen begleiten beim Heimgang, denn die Seele versteht es. Und wenn sie sich nicht fürchtet, verliert sie sich nicht, dann geht sie ins Licht. Das könnt ihr tun.

Oder auch in Altersheimen, einsame Menschen in ihrem Ableben begleiten, dass sie nicht alleine liegen und Furcht haben. Man kann vieles tun, wenn die Zeit da ist. Ist da noch eine Frage?

Also, das Heimgehen, das Angst vor dem Sterbeprozess ist das Eine, aber Angst vor dem Unbekannten, das einem erwartet, das andere. Angst vor Verurteilung, daraus resultiert die Angst vor Gott, vor dem was nachher kommt? Von der Kirche her geistern ja immer noch die Bilder vom Fegefeuer in einigen Köpfen herum.

Richtig, daran kannst du im Moment nichts ändern, die bleibt. Denn wer nicht wahrhaft glaubt, der geht an Gott vorbei. Und wer nicht fähig ist Gottes Liebe zu fühlen, der geht auch am Leben vorbei. Schau, wer den Glauben in sich sucht und ihn findet, der sucht nicht den Glauben der Lösung wegen. Dies ist ein Zeichen, dass er Gott nicht wirklich gefunden hat und deshalb weiter suchen muss. Denn bedenke, die vielen Fragen, die offen stehen, münden in die eine Frage, der Frage nach Gott.

Denn wer Gott gefunden hat, braucht nicht zu fragen, er spürt Glückseligkeit. Versteh mich da richtig, sicher gibt es alltägliche Fragen, aber ich meine die, ‹was wird aus mir, wohin gehe ich›. Die wichtigsten Fragen, die hat man dann nicht mehr, weil man fühlt, man ist Eins und man geht in den Kreislauf und geht ins Wahre Licht und man braucht sich nicht zu fürchten, denn man spürt, wohin man gehört. Das hier, war wieder einmal eine Brücke die man fertig gebaut hat – und wenn man am andern Ufer ist, bekommt man die Chance wieder nachhause zurückzukehren, hast du mich verstanden?

Du meinst mit ‹dieser Brücke›, dies Leben das man hinter sich gebracht hat.

Ja, und wenn man all dies versteht, hat man dazu auch keine Fragen, denn man hat zu Gott gefunden. Und dann ist nur noch eines, die Sehnsucht nachhause zu gehen. Aber dies braucht für jede Seele einen längeren oder kürzeren Weg. Man durchläuft mehrere Leben oder wenigere. Es ist das Rad, das am Anfang steht und sich schliesst, wenn es zu Ende ist. Und es kommt immer darauf an, wie die Seele gelernt hat und was für Aufgaben sich eine Seele auferlegt hat oder annimmt. Hast auch du mich da verstanden?

Ja, das Rad ist also für jede Seele vorhanden und je nachdem, was sie daraus macht, ist es schneller vollendet oder weniger schnell?

Richtig?

Darf ich dich dazu noch fragen, was mit auserwählten Seelen gemeint ist, von denen es heisst, viele sind berufen, aber wenige auserwählt?

Jede Seele geht den gleichen Weg. Aber bedenke, es gibt auch höhere Wesen und die gehen meistens eine Zeitstrecke denselben Weg mit euch. Und dann übernehmen sie viel Schweres und viel Leid. Denn meistens werden sie dann nicht mehr verstanden und werden verhöhnt und verspottet. Und dies könnte eine frische Seele oder eine Seele, die noch nicht sehr gereift ist, nicht ertragen. Es braucht da Wesen, die sehr tief in Gott gehen und eine unendliche Demut in sich haben.

Gott macht keine Unterschiede, aber er auferlegt denen, die Ihm am Nächsten sind, das Schwerste. Es gibt für Ihn nur ‹eine› Liebe, aber er weiss, dass die aus seiner Tiefe sind und Ihm sehr nahe, bereit, vieles auf sich zu nehmen für andere Seelen. Aber Er liebt alle gleich. Für ihn gibt es die Unterschiede, wie die Menschen dies machen, nicht.

Es ist ‹eine› Glückseligkeit und ‹eine› Liebe und die diese Wege gehen, haben sicher auch menschliche Gefühle und trotzdem ertragen sie es anders, und fühlen anders als andere Menschen. Wo ein anderer daran zerbrechen würde, bricht in ihnen eine neue Kraft hervor, und sie sind glücklich und zufrieden und voll Liebe. Und sicher kommt auch in ihnen manchmal ein Zweifel oder eine Frage hervor, aber sie bestehen es in sich selbst und gehen ihren Weg weiter bis zu ihrem Ende.

Begegnung mit dem Dual 1.6.2001

‹Das Dual› – ist wie vieles andere, ein Modewort geworden. Jeder redet von seinem Dual.

Es ist sehr selten, dass Dualseelen sich begegnen, und wenn, so ist dies ist nicht zwangsläufig, wie viele glauben, die schönste Begegnung, die glücklichste, die längste. Es kann für einen Tag sein, für eine etwas längere Zeit sein, es kann eine schöne Begegnung sein, es kann aber auch eine ganz und gar nicht schöne Begegnung sein. Aber dies geschieht nicht sehr oft.

Es wird dem Menschen aber auch nicht eine Sehnsucht oder gar ein Suchen nach seinem Dual mit auf die Lebensreise gegeben. Was der Mensch sucht und wonach er Sehnsucht hat ist ‹das Licht›, das Verlassen des Gebundenseins im materiellen Bereich, im grobstofflichen Bereich, um wieder in das Feinstoffliche der Ewigkeit zurückzukehren, um nicht mehr in die Materie gehen zu müssen, in das Astrale, sondern endlich wieder die tiefe Weisheit, das Licht in sich tragen zu können.

Er hat nicht Sehnsucht sein Dual zu suchen, denn wenn er ‹nachhause› geht, ist er ohnehin in dessen Seelenbereich oder mit ihm vereint. Ausser der andere Seelenteil geht dann ebenfalls wieder auf die Erde um Erfahrungen zu sammeln.

Aber der Mensch, – wir sprechen da nicht sehr gerne weiter darüber, da er in eurer Zeit soviel Unsinn über all das redet, immer wieder neue Theorien erfindet – kann dies gar nicht richtig nachvollziehen. Es ist auch schwierig ihm dies zu übermitteln, weil er im Äussern eine andere Sprache spricht, als nur schon seine Seele dies tut. Er spricht nicht die ‹Herzenssprache›, er spricht über den Verstand, und da der menschliche Verstand sehr begrenzt ist, versteht er dies nicht, er macht sich – und erstellt sich ein falsches Bild. Er hat ja nur beschränkte Möglichkeiten all die Zusammenhänge nachzuvollziehen, oder glaubt sie nachvollziehen zu können nach seinen Theorien.

Es gab in vergangenen Zeiten etliche Menschen die sehr weit waren, einige von ihnen wollten der Menschheit etwas hinterlassen, wollten es in äussere Worte fassen. Da dies sehr schwierig ist, verfälschte es das Bild. Also macht der Mensch sich Phantasien darüber, und dies ergibt Zerrbilder.

Der Mensch muss selbst an sich arbeiten, um so weit gehen zu können, dass er es selbst erlebt, dass er die Zusammenhänge zwischen Himmel und Erde selbst erfährt, die Grosse Wahrheit selbst erfährt, ohne falsche Trugbilder, falsche Worte, um nicht auf ein Besserwissen von andern angewiesen zu sein; er soll es selbst erfahren!

Dann weiss er auch, wie schwer es ist, ihm etwas zu übermitteln, was es in seinen Gefühlen und seiner Sprache gar nicht gibt, was in der grossen Möglichkeit, aber für seine Augen gar nicht vorhanden ist!

Ihr seid mit allem was über das menschliche Gehirn geht und das Geistige betrifft, sehr eingeengt, es ist nur ein ganz, ganz kleiner Teil den ihr erfassen könnt. Und da der Mensch sich selbst in diesem kleinen Teil noch Phantasien, Tagträume und Trugbilder erstellt, und immer auch Worte, – es sind beschränkte Worte, es sind alles äussere Worte – kann man dies einem Menschen nicht richtig erklären.

Ein Dual muss man nicht suchen; einem Dual zu begegnen auf der Erde, dies ist schon eine Gnade. Aber auch diese Gnade muss nicht unbedingt in einer grossen Liebe verlaufen. Denn meist begegnen sich Dualseelen nur kurz. Wenn sie aber während eines ganzen Lebens beieinander weilen, müssen sich deshalb noch längst nicht einig sein. Sie können sich unter Umständen auch grosse Probleme bereiten.

Alte Menschen – eine Wissensbereicherung 13.5.93

Wie ich euch auch schon gesagt habe, liest sich der Mensch sein Leben selbst aus. Er liest sich seine Eltern und Geschwister, seine Umgebung mit allem was er lernen will, selbst aus. Seine Geburt, sein Tod und alles dazwischen hat er sich vorbestimmt, auch sein Ableben.

Es gibt durchaus Menschen, die sich kein leichtes Ableben ausgewählt haben, weil sie noch eine Erfahrung machen wollen, vielleicht durch eine Krankheit gehen wollen. Dann ist es wichtig, dass sie die Möglichkeit haben eine jede Stufe zu durchleben.

Alles was ihr einander dabei helfen könnt, ist betagte Menschen in tiefer, reiner Liebe und eurem besten Wohlwollen zu begleiten. Wenn ihr sie in Pflege geben müsst, ist es wichtig, dass sie auch dort in Liebe und Geborgenheit betreut und begleitet werden, sodass sie sich nicht auf die Seite geschoben vorkommen. Dies ist für beide Teile eine grosse Erfahrung, ein gemeinsames Durchleben, eine Wissensbereicherung.

Die richtige Entscheidung für alle Beteiligten trifft man, wenn man seinem tiefsten Innern vertraut, da die wirklich einzig richtige Hilfe sucht. Dann gibt man genau das, was sein muss und was sein soll – dies ist immer eine sich selbst auferlegte Erfahrung – es ist sehr wichtig für beide Teile. Was ihr auch immer für Entscheidungen zu treffen habt, entscheidet immer in Liebe, in tiefer ehrlicher Liebe.

Indem ihr liebe Gedanken gebt und in euch selbst Kraft dazu aufbringt, steht ihr euren alternden Angehörigen am besten bei. Auch wenn sie nicht mehr ansprechbar sind, könnt ihr ihnen Mut, Zuversicht und vor allem eure tiefe, ehrliche Liebe auch noch in Gedanken übermitteln. So könnt ihr ihnen auch dann noch helfen, denn auch dies werden sie unbewusst fühlen und ihre Erfahrung vollenden.

Ihr könnt viel in Gedanken helfen, indem ihr ihnen ganz bewusst sehr tiefe Liebe sendet, auch während der Todesphase, denn nur die Liebe kann dann helfen, wenn auch nur in Gedanken. Es kommt nicht auf die Worte an; was aus reinem Herzen geschieht, wird wahrgenommen. Auch wenn ihr glaubt, es nütze nichts, der Samen geht zu dem Zeitpunkt auf, da es geschehen soll, und da der Geist dieses Menschen diese Liebe braucht.

Auch wenn alte Menschen nicht mehr liebenswert scheinen, sie sogar sehr schwierig werden, keine Hilfe annehmen wollen, gebt ihnen erst recht eure ganze Liebe, dann habt ihr alles getan. Es ist nicht immer die äussere Hilfe die gebraucht wird. Auch wenn man es als das einzig Richtige in gewissen Fällen ansieht, dass man zupackt und hilft, stösst man nicht immer auf Gegenliebe. Man erkennt manchmal nicht, dass das Innere die grösste Hilfe braucht. Gebt in eurem Innern alles, und es wird sich auch bei schwierigen Patienten vieles ändern.

Wenn ihr einen Angehörigen in ein Altersheim geben müsst, begleitet ihn weiterhin sehr intensiv, denn ihr glaubt gar nicht, wie krank eine Seele durch Vernachlässigung werden kann. Es ist nicht schön, wie wenig Zeit man für die letzte Phase des Lebens dem Menschen eingeräumt hat, wie man mit den Leuten umgeht aus Zeitmangel, aus Personalmangel.

Genau diese Menschen würden vermehrt Zuwendung brauchen. Es sollte Leute geben, die nicht unbedingt Fachkräfte sind, die mehr Zeit für sie hätten, während des ganzen Tages, in kleinen familiären Gruppen. Dass die Leute die dort vereinsamen, oder nicht leicht Kontakt zu einem andern alten Menschen aufbauen können und nur so für sich herumsitzen, Betreuung erhalten würden, durch einfühlsame Pflegerinnen und Pfleger, dass man sich mit ihnen abgeben würde.

Aber da man ja die alten Menschen in eurer Zeit nicht mehr schätzt, auch das Personal das für sie arbeitet, aus Überforderung sehr oberflächlich geworden ist, sehr wenig Menschlichkeit und Wärme übrig hat, – dies ist traurig. Sie sind nur noch ein Stück Ware, das auf die Seite geschoben wird, und die sie betreuen, behandeln sie als leicht dümmlich; man hat keine Achtung mehr – dies ist wirklich traurig anzusehen.

Habt mehr Achtung vor euren alten Menschen, denn diese Zeit ist eine üble Zeit für sie, sie macht sie krank, die Kälte, das Unverstandensein. Ihr hättet nicht so viele unzufriedene, vergrämte alte Menschen, die bisweilen bösartig werden. Sie spüren, dass sie überflüssig sind, dass man sie verachtet, dass sie im Wege sind. In wenigen Jahren seid auch ihr an ihrer Stelle.

Ihr könnt gar nicht nachfühlen, was wir mit solchen Seelen für Arbeit haben. Sie müssen tatsächlich über längere Zeit bei uns in Schlaf gelegt werden, was mit einer Seele sonst – im Gegensatz zur üblichen Meinung über Verstorbene –, nicht geschieht. Sie aber sind so verzweifelt, verängstigt, vergrämt. Die letzten Jahre des Lebens haben die ganze Seele krank gemacht – durch die jüngere Generation.

Wir brauchen eine solche Liebe für diese Seelen, die durch das fehlende Mitgefühl krank gemacht wurden. Wie verängstigt eine solche Seele dann ist, wie krank, und dabei war es eine hoffnungsvolle Seele, eine Seele, die voller Ehrfurcht vor der geistigen Welt und Demut vor uns, ihr Leben gemeistert hat – so wie es sein sollte oder auch nicht sein sollte – und im Alter wird sie geknickt, sie wird getreten und verspottet.

Darum, fängt auch da an, denn dies ist mit ein Grund, warum dieser Erdteil so krankt, warum er so dunkel ist; ihr habt die Ehrfurcht vor allem verloren. Gebt wirkliche, wahre, ehrliche Liebe, nicht eine oberflächliche. Nehmt euch dann die Zeit, wenn ihr wisst, ihr habt sie nun, ihr könnt sie euch einräumen, sodass keine Unruhe in euch aufkommt.

Denn alle Schwingungen werden übertragen. Und alte Menschen sind sehr sensitiv, weil sie sich ja der geistigen Welt naturgegeben wieder annähern. Sie spüren alles, auch wenn sie manchmal nicht wissen was es ist; ihre Reaktionen sind dann aggressiv oder traurig und sie verfallen in Depression. Gebt wahre Liebe; und gebt sie nur weiter, wenn sie ehrlich gemeint ist.

Krankheit – Schicksal oder Zeit der Rückblende? 14.4.00

Verzeih, dass ich heute mit einer Kleinigkeit zu dir komme, aber bekanntlich geschieht nichts ohne tiefere Bedeutung; was aber, wenn jemand einen Zeckenbiss mit schweren Folgen hinnehmen muss, will ihm das auch etwas sagen?

Krankheit ist, wie du weisst, manchmal auch Schicksal, besonders die schweren Krankheiten, aber selbst wenn es so etwas Banales wie eine Zecke ist. Es geschieht nie etwas, was nicht geschehen soll, ob zum Lernen, ob zum Umdenken oder um akzeptieren zu lernen.

Und in eurer Zeit sind die Zecken sehr, sehr aggressiv, sie sind von Jahr zu Jahr giftiger und ein ‹Kräutlein› dagegen hilft da wenig.

Wenn es sein soll, kann bei jeder Krankheit eine Besserung eintreten und sonst kann gerade ein Zeckenbiss, wie bei vielen Menschen, immer mehr Beschwerden bereiten. Aber wenn dies nicht so sein soll, wird es immer irgendwoher Hilfe geben.

Oft soll aber eine Krankheit auf eine Familie oder einen Menschen zutreffen, dass man die Chance bekommt anders zu fühlen, umzudenken, sich anders auszurichten.

Also meinst du auch, wenn ein Mensch eine plötzliche Heilung erfahren würde, diese Möglichkeiten verpasst würden und alles wieder so weitergehen würde, wie bis anhin?

Schau, einige Menschen die Hilfe erfahren konnten, haben durch ihre Krankheit etwas gelernt. Sie haben sich verändert, sie haben einen andern Sinn im Leben gesucht und gefunden, und sind dabei geblieben. Auch wenn sie vielleicht dann nochmals etwas Schweres durchleben mussten, da ihre Freunde oder ihre Angehörigen sie dadurch nicht mehr verstanden hatten und sich von ihnen abgewandt haben.

Aber ein grosser Teil dem geholfen wird oder geholfen wurde, gleich wieder in dieselbe Lebensweise zurückkehrte, wieder alles sehr leichtfertig lebte, die Chance seiner Heilung vergass, sie dann auch bezweifelte, ‹ach ich hätte, oder wir hätten es ja auch selbst geschafft.› Und was Leben oder Änderung im Leben bedeutet hätte, wollten sie nicht verstehen, denn man lebt ja, sobald man wieder gesund ist, in der gleichen Leichtfüssigkeit weiter und verfällt wieder in den Alltagstrott. Man ist vielleicht Gott noch eine kurze Strecke dankbar, aber dann ist wieder alles beim Alten.

Und jedes Zeichen, dass etwas verändert, zeigt auch, ‹Mensch überdenke und denke um, schau deine Reise bis heute an – was bedeutet dir Leben, was bedeutet dir gesund sein?› Was bedeutet es für eine Familie auch einmal etwas Schwereres durchzustehen, ohne sofort wieder gesund zu werden? Bleibt alles beim alten? Soll alles möglichst wieder so verlaufen wie bis anhin?

Es hat also doch einen sehr tiefen Sinn, wenn man so schwer erkrankt, dass man seinen Beruf nicht mehr ausüben kann?

Der Mensch sieht immer nur das Leid, das nicht mehr im alten Trab gehen können, dass es für viele oder für einige in der Familie eine Änderung geben könnte.

Warum aber erkennt er nicht die Chance, dass auf ihn etwas Neues wartet und er sich da darauf vorbereiten kann, dass er auch in dieser Zeit dem allem etwas Positives abringt, und nicht, dass er möglichst schnell wieder in den gleichen Trott zurückkehren möchte.

Jeder Mensch, wenn es nicht mehr so gut geht, wie man es bisher gewohnt war, dies nicht zu akzeptieren bereit ist, sich damit schwer tut, aber sehr selten das Positive darin erkennt. Denn eine Veränderung zeigt immer etwas Tiefes, etwas Einschneidendes an. Es zeigt auch an, Mensch verändere dich, ändere deine Lebensweise, selbst wenn du vielleicht an ein Bett gebunden bist oder an einen Rollstuhl.

Erkenne deine inneren Werte, erkenne den Sinn des Lebens. Wenn du nicht mehr in der äusseren Hülle so funktionierst, wie du es bisher gewohnt warst. Oder auch die Familie; dass man dies vielleicht gemeinsam ansieht, um zu erkennen, was für eine Chance es in sich birgt, und sich zu fragen, warum hat es gerade uns getroffen?

Vielleicht hat es einen noch tieferen Sinn. Krankheit kann unter Umständen auch bedeuten, dass auch aus einem anderen Leben etwas wieder ins Lot gebracht werden soll.

Es kann aber auch bedeuten, dass man nun Zeit hat sich mit dem Geistigen zu verbinden und seine Leben abzuschliessen, um ewig zu leben.

Eine ganze Familie bekommt mit einer Krankheit, wo man voneinander abhängig wird, die Chance, ihren Willen zu stärken um sagen zu können: ‹Wir schaffen es gemeinsam, wir gehen gemeinsam durch all die Schwierigkeiten und legen soviel Positives und so einen tiefen Glauben in alles und nehmen es an, wie es geschieht und wie es sein soll.›

Vielleicht heisst eine Krankheit, die eine ganze Familie betrifft, einander noch tiefer zu lieben, noch tiefer zusammen zu spannen, einander noch mehr zu geben, als dann, wenn ein Mensch gesund ist, wenn man sich an ihm erfreuen kann. Aber auch noch eine Strecke des noch tieferen Verbundenseins auf dem schweren Weg gemeinsam zu gehen und nicht aufzugeben, um sich noch tiefer zu verbinden, um noch mehr zu glauben, so wie es für uns bestimmt ist, so wird es gut sein, um dies anzunehmen.

Dieses Verbundensein, dieses betreuen kann eine Linderung bringen, indem man sich hält, sich berührt, körperliche Pflege erhält, dass auch der Körper das Gefühl aufnimmt: ich werde geliebt, ich werde tief geliebt.

Legalisierte Abtreibung 27.4.2001

‹Warum trifft es gerade mich, warum muss gerade ich einen solch schweren Weg gehen?›, dies ist die immer wieder gestellte Frage von Leuten, die noch nie etwas von Reinkarnation gehört haben und die nicht wissen, dass man sich sein Schicksal selbst ausliest, dass man letztendlich auch alles selbst verursacht oder verursacht hat. Was für einem ungeheuren Druck ist doch eine junge Frau ausgesetzt, wenn ihr Ultraschall beim Frauenarzt nicht in Ordnung ist.

Schau, jeder hat seine äusseren Lebensreisen; die eine birgt viel Schweres, eine andere ist leichter. Einen schweren Weg gehen zu müssen, hat seine zwei Seiten. Es kann für den Menschen eine Prüfung sein. Er wird durch alles Schwere, durch Schicksalsschläge oder durch Leiden eine Veränderung erfahren, sein Leben anders ansehen, und wenn er dazu bereit ist, einen tieferen Weg gehen.

Es kann auch ein Abtragen sein. An dies denkt ihr oft gar nicht, weil ihr in eurem Bereich nicht gelernt habt, dass sich die Seele in jedem Leben weiterentwickeln will. So hat man sich eine Erfahrung ausgelesen, um dadurch etwas zu lernen, daran zu reifen, um wiederum tiefer gehen zu können. Denn alles was schwerer ist, hinterlässt tiefe Spuren. Dies kann für einen Menschen sehr gut sein und sich positiv auswirken. Warum glaubt ihr immer, Leiden dürfe nicht sein?

Ein leichtes und unbeschwertes Leben zu haben, hat auch seine zwei Seiten. Viele denken dann irrtümlicherweise, ‹der hat es gut, dem gelingt alles nach Plan, alles geschieht zu seinem Wohlgefallen, zu seiner Freude, ihm geht es besser als mir, er trägt nicht so schwer.› Vielleicht trägt aber gerade jener schwerer, weil er ein sehr oberflächliches, ein äusseres Leben führt. Ein Mensch der immer nur nach dem Schönen verlangt, dem Leichten, wird diesen Weg nie tief gehen können. Alles hat seinen tiefen Sinn, auch ein einschneidendes Erlebnis wie die Geburt eines geistig oder körperlich behinderten Kindes! Warum unterstützt man ein Elternpaar nicht, anstatt es zu bedrängen?

Und warum sollte man sich dafür schämen? Warum erwartet der Mensch für sich immer, dass alles im Gleichen weiterläuft, dass nur andern etwas geschehen kann – aber einem selber nicht? Warum stellt man immer nur hohe Ansprüche, falsche Erwartungen an sich und an das Leben? Warum will man sich in ein Licht stellen, das vielleicht gar nicht dieses Licht ist? Warum will jeder dem andern beweisen, mehr zu sein als er ist; ist er sich selbst nicht genug?

Warum sieht man nicht, dass man zum Beispiel gerade durch ein behindertes Kind sehr viel an wahren Gefühlen lernen könnte und nicht in einem Trugbild, in einer falschen Illusion, in einer fast verlogenen Welt lebt, die nur Schein und gar nicht das wahre Leben ist, die wahren Gefühle, die wahre Liebe, sondern alles nur gespielt ist. Ein solches Kind würde seinen Eltern und seiner ganzen Umgebung sehr viel geben und unbewusst lehren, was wahre Liebe ist.

Die Menschen heute können sich selbst gar nicht mehr leben, weil sie nicht mehr ehrlich zu sich selbst sind und auch nicht zueinander. Jeder möchte auf einem höheren Sockel stehen und es soll doch alles heile Welt sein, schöne Welt sein, bequeme Welt sein.

In eurer Welt ist alles nur noch Schein! Wie schnell könnten auch Politikerinnen und Politiker, die solche Gesetze erlassen, selbst eine Krankheit, eine Operation, einen Unfall erleiden, der sie dann wirklich entstellt? Sind sie dann nicht mehr gleich viel wert?

Du weisst, dass zum Beispiel gerade Menschen mit einem Down Syndrom, sehr, sehr wahre Gefühle bringen und nur wenige von ihnen schwierig sind, sie können fröhlich sein, sie können schreien, sie können schlagen, weil sie sich nicht belügen lassen. Das sind Menschen, die ‹nur wahre Gefühle› in sich tragen, die alles durchschauen, wenn der ‹gesunde› Mensch verlogen spricht, verlogen handelt, ihnen falsche Gefühle oder Heuchelei entgegenbringt; diese Kinder durchschauen alles, und sie zeigen einem, was wirkliche, wahre Liebe ist.

Sicher ist es gerade in der heutigen Gesellschaft, wo alles machbar scheint, nicht leicht, seinen eigenen Weg zu gehen, sich gegen einen ärztlichen Eingriff zu stellen, sich gegen die Versicherungen und Krankenkassen zu behaupten?

In den letzten Jahrzehnten ist dies nun mehr gereift – früher gab es dies nicht –, dass man durch eure Vorsorge Untersuchungen, Menschen mit Behinderungen gar nicht erst zur Welt bringt. Aber wie wir euch schon gesagt haben, werden solche Menschen unter viel schwereren Umständen wieder inkarnieren und dann lösen.

Wenn man Menschen umbringt – ich wähle dieses Wort nun bewusst – auch wenn im zweiten oder im dritten Monat ein Abruch geschieht, bedeutet dies ein Menschenleben vernichten. Auch wenn es noch nicht beseelt ist; der Mensch greift ein, er bringt um.

Menschen die dies tun, aber auch Ärzte, werden die Verantwortung tragen, auch die Eltern werden die Verantwortung tragen müssen, wenn sie aus zumutbaren Gründen heraus abbrechen.

Aber es gibt da dennoch grosse Unterschiede – auch dies wurde beleuchtet, – wenn es Seelen sind, die nur gewisse Zeit da weilen wollen und die Mutter und der Arzt aus einer schlimmen Notlage heraus handeln, dies also aus ganz anderen Gefühlen und Beweggründen geschieht, jemand verzweifelt ist und Lebensängste hat, so ist auch dies Bestimmung.

Aber wenn ein Mensch dies bewusst tut, weil das Kind nicht gesund ist, dann wird dies in einem späteren Leben unter viel schwereren Umständen nochmals auf ihn zutreffen.

Menschen die behinderte Kinder, welchen Grades auch immer, lieber abgetrieben wüssten, sollte man ein solches Kind in die Arme legen und ihnen sagen, bringt es doch mit euren eigenen Händen um. Es ist leicht etwas zu sagen, wenn es der andere tut, mit der Entschuldigung, es ist ja noch nicht ein Kind. Dies ist schon falsch, auch wenn der Fötus noch so klein ist, es ist ein Kind.

Konfliktsituationen am Arbeitsplatz   7.6.91

Wie geht man mit Konfliktsituationen am Arbeitsplatz um?

Jeder Mensch bekommt stets nur sein Spiegelbild vorgehalten. Es muss nicht immer sofort sein; es kann Jahre gehen bis eine Reflexion wieder auf einem trifft. Es kann Jahrzehnte zurückliegen oder auch nur Wochen oder Tage, und man denkt nicht mehr daran.

Es war ein unguter Gedanke einem Kollegen oder einer Kollegin gegenüber.

Oder man hat etwas zugestimmt – aber die Gedanken waren anders. Es kann ein böses Wort gesprochen worden sein und vielleicht ist man gar nicht mehr im selben Arbeitsbereich, aber all dieses holt einem trotzdem ein.

Oder man geht mit gespannten Schwingungen an seinen Arbeitsplatz; vielleicht hat man Ärger zuhause gehabt, oder auf dem Wege. Oder es ist etwas nicht so verlaufen, wie man es wollte. Und dies ist noch in einem und gibt dies unbewusst weiter. Und irgendwann am Tage kommt es auf einem selber wieder zurück. Denn die, welche diese Schwingung aufnahmen – irgend etwas macht sie nervös und sie entladen sich – und schon entsteht wieder eine neue Spannung. Und man ist sich da nicht bewusst, diesem Menschen selbst ein Unrecht angetan zu haben. Der Auslöser kann nur schon ein ungutes Wort sein. Manchmal ist es aber auch nur ein Blick oder eine Geste, ein Gesichtsausruck. Und der Andere reagiert aggressiv, er nimmt alles auf, ohne es selbst zu wissen.

Aber das, was in einem arbeitet, zeigt euch nun der Andere, oder er tut es und handelt danach. Es tut einem weh, man ist beleidigt, – dabei war man es selbst. Man hat nur das erhalten, was in seinem eigenen Innern vor sich ging.

Darum, achtet darauf, alles was negativ ist, verbreitet sich in Windeseile und es holt euch selbst wieder ein, denn es hängt in der Luft und verdunkelt sie.

Wenn man Klarheit will, muss man an sich selbst arbeiten. Wer in sich wirklich zufrieden ist, hat um sich Licht und alles was positiv ist. Und wenn es wirklich Menschen gibt, die negativ auf euch zukommen, können sie euch dennoch nicht erreichen mit ihren negativen Absichten; vielleicht streifen – und ihr werdet auf sie aufmerksam, aber durch eure guten Gedanken könnt ihr in sie Helligkeit bringen und ihnen helfen, ohne viele Worte.

Aber wenn ihr mürrisch oder unguten Willens seid, aus irgend welcher Situation heraus und so in eurem Arbeitsbereich umher geht, nehmt ihr alles Negative doppelt auf – so ist es schwierig diesem Kreislauf zu entgehen.

Denn schaut, wenn man sich nicht selbst unter Kontrolle hat, nicht fähig ist, mit sich selbst umzugehen; wie will man es dann bei anderen versuchen, oder andere sogar belehren wollen oder ihnen auch nur Hilfe anbieten wollen? Jeder Mensch muss zuerst in sich selbst gehen, durch sich selbst, an sich arbeiten – und sich selbst helfen. Hast du mich verstanden?

Ja, also es gibt da keine Ausreden, die andern sind es, die anfangen. Es hat keinen Einfluss auf mich, wie schwierig mein Gegenüber ist; sei er nun Chef oder Untergebener, oder auch der Nachbar. Wo ich Unfriede erlebe, muss ich mich selbst ändern.

Richtig, denn bevor man die andern ansieht in dieser Situation, sollte man in sein Inneres sehen. Der Mensch empfängt ringsherum nur das, was er ausstrahlt. Und bis ein Mensch tief ehrlich zu sich selbst ist, und sich selbst richtig einschätzt, muss er hart an sich arbeiten. Wie oft möchte man seine Fehler und seine Schwächen ignorieren – man glaubt sie gar nicht zu haben und unterdrückt sie.

Immer wiederkehrende Situationen, auch wenn man die Stelle wechselt, stecken in einem selbst drin. Dies muss man bereinigen, denn sonst kommt immer wieder dasselbe auf einem zu, ob hier oder anderswo. Man sucht den Fehler vergebens in den jeweiligen Situationen.

Ich danke dir für deine Worte, damit kann man arbeiten. Es ist einfach so, dass einem dies nie jemand so klar und deutlich vor Augen führt, und dass diese Lehre von den ausgesandten Schwingungen kaum jemand kennt.

Und schau Kind, genau aus dieser Sicht der Dinge, kann man lernen und man kann andern damit weiterhelfen. Denn die wenigsten Menschen kennen dieses Gesetz der Schwingungen. Die es wissen, sollten versuchen danach zu handeln. Wenn sie die Kraft dazu haben, sollten sie dies Wissen andern weitergeben, um jenen zu helfen, aber alles in grosser Ruhe, denn dies braucht manchmal sehr viel Kraft und Geduld.

Sankt Nikolaus – ein Weihnachtsmärchen? 26.11.96

Die Geschichte mit Sankt Nikolaus – stimmt die eigentlich, oder ist dies ein schönes Weichnachtsmärchen?

Ihr habt in eurer Zeit so etwas an der Wand – wie sagt man bei euch – einen Kalender, von dem ihr Zettel abreissen könnt, mit bestimmten Tagen und Namen dazu von Menschen, die sogenannt ‹heilig› gesprochen wurden. So kam mein Name in diesen Kalender, ist mein Tun auf diesen einen Tag beschränkt worden.

Er fand Einzug in viele Religionen und man hat ein Bild von mir gemacht, dass es so niemals gab. Man nennt mich Sanct Niclas, Santa Claus, Papa Noël, Sankt Nikolaus, Väterchen Frost und noch viele, viele andere.

Und immer wenn der 6. Dezember naht, wird es den kleinen Kindern, je nachdem, was man ihnen erzählt, Angst und Bange oder auch warm ums kleine Herz.

Was mich schmerzt ist, dass heute meine Gestalt, die so nicht ausgesehen hat, immer mehr verkommt zur Comic-Figur und man mich benutzt, um den Kommerz und das Weihnachtsgeschäft anzukurbeln, und nicht um wirklich Gutes zu wollen.

Das Bild das man sich von mir macht..., so üppig, mit einem dicken Bauch, den Sack so prall gefüllt – das hat es so nie gegeben. Auch Angst musste nie ein Kind vor mir haben, keine Träne ist je geflossen, es sei denn aus Freude.

Fürchten mussten mich eher die wohlhabenden und betuchten Leute, die es damals auch gab – das Gefälle zwischen arm und reich war noch grösser. Sie konnten sich meiner Betteltour nicht verwehren, weil ich ein angesehener Geistlicher war, öffneten mir missmutig ihre Türen und gaben mir wohl oder übel ihr Scherflein. Natürlich waren nicht alle so, es gab sie auch dazumal, die Wohlmeinenden.

Auch besass ich nicht die prächtigen Gewänder und hatte nicht diesen übergrossen Stab! Wenn die heutigen Menschen mich sehen könnten, wie ich damals wirklich war! Wie ich aussah in meiner einfachen Kutte, Tag für Tag unermüdlich bis spät in die Nacht hinein, nach getaner Arbeit, keinen

Sack mit schönen Geschenken, Äpfeln, Nüssen und Süssigkeiten, sondern meinen schweren Kessel, voll gefüllt mit Haferbrei austragend, in meinen ausgedienten Schuhen, um die ärgste Not zu lindern. Die Ärmsten der Armen aufsuchend, in ihren elenden Behausungen, die den ganzen Tag noch nichts zu essen bekommen hatten – die wirklich Hunger litten. Das würde sie nachdenklich stimmen und vor allem die heutigen Kinder.

Es wäre gut, ihr würdet ihnen dieses Bild von mir schildern, damit sie nicht immer nur an sich selbst denken. Vielleicht, wer weiss, wäre das eine oder andere auch einmal bereit, jenen etwas abzugeben, die nichts haben.

Bei euch hat es auch wieder arme Kinder und arme Leute, aber leider sind auch viele darunter, die dann undankbar sind und sehr anspruchsvoll und sich nicht mit wenigem zufrieden geben.

Wie haben die Augen der armen Leute und Kinder geleuchtet, wenn sie spät abends, wenigstens einmal am Tag, etwas zu essen bekamen, dass sie sich nicht mit hungrigem und knurrendem Magen schlafen legen mussten. Wie waren sie glückselig, wenn ich ihnen von begüterten Leuten etwas Warmes zum Anziehen oder Zudecken bringen durfte oder ein Kräutlein oder eine Medizin für eine Krankheit.

Wie sind da die Kinderherzen aufgegangen! Wenn Herzen noch offen sind und Liebe und Wärme aus ihnen strahlt, so ist das ganze Jahr Weihnachten. Wo aber in den Herzen keine Dankbarkeit, keine Liebe, kein Leuchten und Strahlen mehr zu finden ist, so kann dies auch nicht an diesen drei Weihnachtstagen im Jahr hervorgelockt werden.

Erziehung heute 3.12.2000

In der heutigen Wohlstandsgesellschaft ist es nicht mehr einfach, Kindern sinnvoll Freude zu bereiten. Können sie in all ihrem Überfluss überhaupt noch Freude verspüren?

Nur durch die Vernunft und das Vorbild der Eltern, auch einmal auf etwas zu verzichten, das man sich gerne angeschafft hätte, können Kinder lernen. Aber wenn Eltern schon mit der Entschuldigung argumentieren, die andern Kinder haben dies oder jenes, also müssen es meine Kinder auch haben…

Man kann einem Kind schon von klein auf angewöhnen, dass es nicht alles deshalb haben muss, weil es ein anderes auch hat. Es ist viel schöner mit wenigem umzugehen, seine Phantasie walten zu lassen und selbst etwas zu tun, durchdacht und bewusst auf etwas zu verzichten und ihm erklären: dies ist gross und dies ist mutig. Aber wenn man dies den Kindern nie genau erklärt und ihnen stets nachgibt, ihnen alles kauft können sie dies nie lernen. Sicher soll man die Kinder nicht so darben lassen, dass sie sich ausgeschlossen fühlen, aber sie brauchen nicht alles, auch wenn sie einmal etwas nicht haben, was der andere hat.

Vielleicht würde das Selbstwertgefühl des Kindes dadurch eher noch gestärkt. Es könnte ja auch angehalten werden, auch einmal etwas von seinem Überfluss andern Kindern zu überlassen.

Ja, aber was leben die Erwachsenen den Kindern heute vor, was machen die Wohlhabenden? Sie gehen zu denen die nichts haben, bereichern sich an ihnen, blenden jene wiederum und erwecken Neid. Bei solchen Vorbildern, sollten aus Kindern einmal wertvolle Menschen werden können, die der Welt etwas bringen sollen? Dabei lenkt man ihnen den Weg derart ins Materielle, dass sie unfähig werden, tiefere Gefühle zu entwickeln. Wenn die Erwachsenen es nicht selbst vorleben und dabei bleiben, geht dies nicht.

Wenn ich an meine Kinderzeit der Nachkkriegsjahre denke; wie konnten wir uns noch freuen an den kleinsten Dingen.

Du hast nun das richtige Wort ausgesprochen: Freude! Schau dir die heutigen Kinder an, – wo ist ihre wahre Freude hingekommen? Es ist mehr Gier als Freude, in ihren Augen, denn die meisten können sich nicht mehr von Herzen freuen, von Herzen ein Dankeschön empfinden, denn sie sind so überfüllt, dass sie etwas nur kurz gebrauchen, im Moment wo es neu ist, und es gleich wieder weglegen, weil ihre Konzentration gar nicht dazu ausreicht, sich weiter damit zu beschäftigen. Es muss wieder etwas Neues her, dass sie wiederum ablenkt, das wieder anders fordert. Aber die Konzentration, die Stille, das Schweigen; dies besitzen sie nicht mehr.

Es sieht nun wirklich bald so aus, dass wir nur noch durch schwere Entbehrungen wieder zu tieferen Menschen werden würden?

Richtig, schau Eltern die alles haben, selbst aber kein Interesse an einem tieferen Sinn des Lebens; was sollten sie ihren Kindern vermitteln können? Und Menschen die wissen, dass das Leben mit Wenigerem, besser wäre, dann aber auf all das selbst nicht verzichten können, zeigen dadurch, dass sie nicht wirklich an einen tieferen Weg glauben.

Sie glauben es zwar von sich, sie möchten Gutes tun, sie begeben sich auch in diese Richtung und tun auch Gutes, aber wenn es wirklich darauf ankommt, findet man für sich immer wieder die Ausrede, ‹ja der andere hat es ja auch, also muss ich doch meinem Kinde auch…, es würde doch ausgestossen, es würde ausgelacht.› Aber mit etwas weniger, kann man es nicht auslachen und das Kind könnte sich freier entwickeln. Und es könnte vor allem – indem es sich ja durchsetzen muss, zu seinen Eltern stehen so wie sie sind, lernen zu formulieren, ‹nein dies habe ich nicht, dies brauche ich auch nicht› – dadurch seinen Charakter stärken. Es würde seinen Weg besser finden. Und es würde auch vielmehr zu sich stehen und zu den Seinen.

So aber steht es nur zu den Seinen, solange es von ihnen erhält. Und wenn es älter wird und nichts mehr erhält, fallen böse Worte. Es könnten für die Eltern sogar Hiebe dabei sein. Und wenn gar nichts mehr geht, so trennt man sich von ihnen – aber im Bösen. Von Liebe ist da gar nichts mehr vorhanden. ‹Du bist, du musst mir geben und gib und gib und gib…›, sonst wird geschrien und geschrien.

Eltern formen ihre Kinder, ihre Familien mit ihrem Charakter, so wie sie ihre Welt sehen, wie sie ihre Gefühle fühlen. Meist zeigen sie ihren Kindern zuwenig Stärke. Statt ihnen aus ihrer Erfahrung weiterzuvermitteln und vorzuleben, lassen sie sich von äusseren Einwirkungen, von Illusionen betören.

‹Muss ich nicht ein Herdentier sein und alles haben wie die andern, alles sprechen wie die andern, lachen wie die andern, dort sein wie die andern, dort lieb Kind sein, dort mitfunktionieren. Da fühlt man sich doch wohler, als wenn man Stärke zeigt, und sagt, mit mir nicht, so eckt man an und muss doch einiges durchstehen; also ist es einfacher mitzugehen, mitzumachen›.

So wie ihr eure Kinder in alle möglichen Kurse und Veranstaltungen führt, sie antreibt und ihnen nie Ruhe gönnt, werden sie ihren inneren Weg niemals finden können, denn auch kleine Kinder brauchen Zeit für sich und die Ruhe des sich selbst überlassen Seins.

Wenn ihr sie dann noch solche Filme sehen lässt, die heute aktuell sind, glauben auch sie schon, man könne das Geistige erzwingen, dass man vielleicht etwas tun kann, was andere nicht können, dass man damit angeben kann. Sie wissen nun nicht, dass man sich Mühe geben muss, dass man Liebe geben muss, dass man schweigen muss, dass man nicht vor anderen angeben darf, dass man dies nicht missbrauchen kann – sie schauen dies nun bereits aus einem falschen Blickwinkel an. Die Gefahr besteht, dass sie wegen eines solchen Films diesen Weg schon in eine andere Richtung ansehen, man möchte erzwingen, man möchte... und schon ist man auf der dunklen Seite. Da kommt es nicht auf das Alter an, es kommt auf ihre Motivation an; was wollen sie erreichen, was wollen sie nachahmen?

Selbst ein Kind, wenn es seine Zuwendung immer mehr der Magie hingibt, es in eine Besessenheit kommt, ich will stärker sein, ich will besser sein als die andern; dies ist bereits Macht. Und wenn es immer mehr Macht ausüben will, dem Wort Macht in sich, verfällt, ‹ich muss der Beste sein, ich muss der Stärkste sein, ich will dieses und will jenes›, und sich so sehr auf die eigene Person als Mittelpunkt fixiert, dann ist es bereits ein Opfer jener Seite.

Denn so spielen sie ihm immer mehr Macht zu, sei es durch Lobpreisung, sei es durch andere Handhabungen, dass ihm vieles gelingt, und durch dies viele Gelingen, wird es immer mehr auf die andere Seite gezogen. Und irgendwann in seinem Leben wird es dafür bezahlen. Dies ist bereits Macht über andere Kinder, Macht über Eltern, man schreit, man erzwingt, man tobt, man will andere unterdrücken. Das Kind will das erreichen, was es will – dieses sind schon die ersten Anzeichen; dies hat nichts damit zu tun, einen willensstarken Sohn, eine willensstarke Tochter zu haben.

Gehen die Kinder aus dem Haus, was in jedem Land anders gehandhabt wird, fällt es vielen Erwachsenen schwer, sie ziehen zu lassen, ihnen keine Vorschriften mehr zu machen, sich von ihnen auch innerlich abzulösen.

Eure Kinder sind nicht eure Kinder! Es fällt vielen Eltern schwer, ihnen auch zu sagen, ihr seid nun erwachsen und für euch selbst verantwortlich.

Und die Kinder sehen die Eltern älter werden – sie sind noch jung, möchten noch leben – und glauben dann, die Alten sollten ihren Nachwuchs hüten, sie sollten doch ganz für sie da sein.

Beide machen die Augen zu und sehen gar nicht, dass jeder Mensch sein eigenes Recht hat zu leben und keiner mehr für den anderen verantwortlich ist.

Es ist weltweit verbreitet, dass Eltern und Kinder glauben, sich gegenseitig Verhaltensweisen vorzuschreiben. All die vorderen Generationen taten es, man hat seine Rollen in die man hinein wächst und die man zu durchleben hat. Was die Eltern von den Kindern erwartet haben, erwarten die Kinder wiederum von ihren Eltern.

Keiner ist mehr fähig, sein eigenes Leben zu leben, sich selbst zu formen und endlich seinen Platz zu suchen und nicht immer wieder ein Rollenspiel zu beginnen.

Aber daran wird eure Gesellschaft noch lange kranken – und das macht die Menschen krank.

Der Glaube kann Berge versetzen   23.3.2001

‹Dem der da glaubt, ist kein Ding unmöglich›, oder ‹der Glaube kann Berge versetzen›, wo ist da die Grenze zwischen Glauben und materiellem Denken, Wünschen und Wollen?

Schau, wenn jemand aus tiefem Herzen glaubt, kann es auch im Materiellen etwas bewirken, denn Glaube versetzt wirklich Berge. Aber mit den vielen Alltagskleinigkeiten haben wir, von der Geistigen Seite aus, nichts zu tun.

Aber wenn jemand wirklich sein ganzes Herz und sein Licht in etwas hineingibt, das geschützt werden soll und er nichts weiteres dahinter sieht, sondern nur um Schutz bittet, dass nichts geschieht, dann kann es so geschehen.

Also, auch da einmal mehr, kommt es Gott nicht auf die Sache an, sondern auf das Herz, auf dessen Innigkeit und Aufrichtigkeit. Entscheidend ist, was für ein Motiv dem Gebet zu Grunde liegt und was für ein Gedanke einem bitten lässt?

Richtig, ja!

Es gibt doch aber eine Grenze, da, wo man sich für andere etwas wünscht und damit unerlaubt in dessen Leben eingreift? Ich las auch einmal in einem Buch, dass man sich einen heiss ersehnten Gegenstand im Schaufenster, einfach oft genug anzuschauen braucht und sich bildlich vorstellt ihn zu besitzen, so würde dies alsbald Tatsache... Da setzt man doch etwas Ungutes in Bewegung, das wieder auf einem zurückkommt?

Sicher hat dies, was du nun mit deinen Worten erklärt hast, mit dem Geistigen gar nichts zu tun. Dies ist eigentlich Manipulation, es ist Beeinflussung, die wir nicht sehr lobenswert finden. Dies hat mit uns nichts zu tun! Es sind materielle Wünsche, die man sich erhofft, die man erfüllt haben möchte. Oder man bittet sich einen Geldgewinn, oder einen Partner, oder eine Liebe; dies ist ein Eingriff in die geistige Gesetzmässigkeit.

Wenn es auch geschehen kann und man erhält es, so wird eine andere Sache auf einem zukommen, wo man dies wieder verliert oder dafür etwas anderes wird hergeben müssen.

Dies ist dann das Gesetz von Ursache und Wirkung? Man hat es sich nicht selbst erarbeitet, es steht einem nicht zu?

Ja! – Aber was man sich dabei im guten ausdenkt, was beschützt werden soll, dass nichts passiert, dass man eine Person in Licht einhüllen möchte und sie beschützt, ein Haus, ein Fahrzeug; dies ist wieder eine andere Sache.

Aber auch dies darf man dann nicht erzwingen wollen, sondern man betet gleichzeitig: ‹Dein Wille geschehe, euer Wille geschehe, ich übergebe es eurem Schutz und ich glaube mit ganzem Herzen daran.›

Einen kindlichen, ehrlichen Glauben – auch wenn das Kind sagt: ‹Beschütze meine Puppe, beschütze meine Eltern, beschütze mein Geschwisterchen, beschütze mein Zimmer, beschütze mein Hündchen›, – es aber aus reinem Herzen kommt, dann wird es geschehen.

Ist dies dann sein Glaube, der ihm hilft?

Es ist sicher sein Glaube, aber sein Glaube ist so tief, dass da Hilfe von uns durchfliesst. Aber wenn ein Erwachsener berechnend wünscht und wirklich sehr materiell, oder oberflächlich, dann geht es in eine andere Richtung.

Kirche und Mystik 22.11.91

Warum lernt man in der Kirche nichts über Mystik, was doch den tiefen inneren Weg hin zu Gott bedeutet?

Eure ‹Studierten›, wie du sie nennst, wissen auch nicht alles, für sie ist vieles auch unbekannt, denn sie lernen bis zu einem gewissen Punkt, und dann ist auch das Weiterstudieren für sie nicht mehr erlaubt; denn sie sollen ja dies predigen, was in der Bibel steht und vor allem, was die Kirche von ihnen verlangt. Und das, was weitergehen könnte oder was weiter ist, was noch vorhanden ist, ist tief verschlossen und für ‹Unbefugte›, – wie sie es nennen – unerreichbar. Wissen würde die Kirche in ein anderes Licht stellen; dies wäre nicht das Angenehmste.

Denn schau, es gibt viel Wissen, das euer Wissen übertrifft, wenn man es richtig zu deuten versteht. Und vielleicht ist es auch nicht unklug, dass alles verborgen wird, – sicher nicht, dass man in vielen Unwahrheiten spricht und nicht zugesteht, dass es so ist – aber vieles kann man im Unguten auswerten und die Menschheit damit unterdrücken oder beeinflussen. Aber eben, dies ist ein kleiner Teil, die grosse Wahrheit wird vom Menschen zurückgehalten aus Angst, dass die Kirche ihre Macht verlieren würde.

Die Kirche lehrt uns nicht tiefer zu gehen; sie tröstet uns im Bewusstsein um die Gnade Gottes und dem Glauben an Jesus Christus und die Vergebung unserer Sünden.

Für sie ist es einfacher – und es war seit jeher einfacher – mit Menschen umzugehen, die kein tieferes Wissen hatten. Es ist leichter, Menschen kurz zu halten und über sie zu verfügen und zu sagen: ‹Schaut, wir wissen mehr darüber, wir sind Gesandte Gottes, wir helfen, wir sind ja für euch da; was braucht ihr da noch mehr zu wissen, sagt uns euer Leid oder beichtet uns eure Sünden die ihr in diesem Leben begangen habt, wir vergeben euch.›

Und die Menschen, die dies Wissen nicht haben, glauben ihnen und gehen entweder mit tiefem, vertrauensvollen Herzen auf sie zu, oder mit oberflächlichem. Ihnen spielt es ja keine Rolle, es wird ja vergeben, – sie sagen sich, für mich wird ja nun geschaut. Aber viele können gar nicht mehr glauben, weil etwas in ihnen nicht mehr stimmt – das sind die, die in ihrem Innern schon weiter gegangen sind.

Jeder Mensch trägt die Verantwortung ganz alleine für sich selbst. Jeder Mensch trägt das Wissen in sich und die Gabe ist in jedem; es kommt nur darauf an, wie weit eine Seele ist, wie sie diesen Weg versteht und was sie in ihrem Innern tun möchte, ob sie lernen möchte. Den Weg seiner geistigen Entwicklung kann man nicht leichtfertig gehen, es ist ein Weg der Geduld, der Bescheidenheit, und immer ein sich fühlen als ewig lernender Schüler.

Ob man heute überhaupt noch junge Menschen findet, die eine so tiefe Gottessehnsucht in sich verspüren um in sich weiter zu gehen?

Die den tiefen Weg gehen, sprechen nicht viel über sich, sie lernen in sich selbst, aus ihrer Tiefe heraus. Ihr Glaube heisst ‹Gott›, ‹Liebe›, ‹Demut›, sich ganz hingeben und suchen und suchen. Dies ist in eurer Zeit sehr schwer, und von diesen Menschen gibt es sehr wenige.

Nur wenige möchten sich einschränken müssen, vielleicht etwas mehr von sich geben müssen, oder vielleicht etlichen Vergnügen nicht mehr nachkommen können. Man möchte ja alles haben auf diesem Gebiet, noch dazu etwas Besonderes – dies ist nicht der Weg der Mystik.

Menschen die diesen Weg gehen, die haben schon sehr vieles in vorhergehenden Leben gelernt, sie haben sich nicht in einem Leben soweit gebracht. Auch sie haben Leben für Leben lernen müssen - nichts fällt einem in den Schoss, was man nicht selbst gelernt hat.

Man kann diesen tiefen Gottesweg nur gehen durch das tiefe Vertrauen, den tiefen Glauben, und ein sich ganz hingeben in sich, sich so tief mit der Geistigen Welt verbinden, dass man Eins ist, eins mit Gott, eins mit allem und bedenkenlos vertraut. Auch wenn so vieles um einem passiert was unerklärlich ist, was vielleicht im Moment nicht zum Lebensstil gehört, was man nicht versteht, was widersinnig ist, was weh tut, man es aber einfach geschehen lässt; nur so kann es reifen, mit dem eigenen Einverständnis und einem in sich weitergehen.

Nicht alle, die dies von sich glauben, gehen diesen Weg. Du weisst wieviele Hilfsmittel es angeblich gibt. Damit sind nicht die gemeint, die einige mystische Zeichen und Symbole erhalten und sie dann tief in sich hinein nehmen, mit ihnen arbeiten und spüren, ‹ja ich habe begriffen, es wurde mir etwas gezeigt, ich habe gelernt und kann es nun wieder auf die Seite legen›, sondern diejenigen, die sich darin verfangen und es weitererzählen.

Dies wäre dann richtig, wenn es nicht in der Art geschehen würde, ‹seht, ich habe dies und jenes erlebt…›, denn sie treiben und treiben sich in ihrem Innern immer weiter auf Zeichen hin, sie zwingen sich geradezu und können dann nicht unterscheiden, wer ihnen auf einen solchen Zwang hin, die Zeichen dann wirklich gibt. Und irgendwann verlieren sie sich darin und es geht nicht mehr weiter, die Kraft haben sie verbraucht, es kommt nichts mehr und dann jagen sie sich von einem Seminar zum andern und möchten das Verlorene wieder finden.

Und die, welche die Zeichen verstehen, wenn auch manchmal nicht sofort, sie lassen sie in sich ruhen, wenn sie die Lösung nicht gleich finden und gehen weiter, denn die innere Sehnsucht treibt sie und das innere Glücksgefühl treibt sie zu Gott. Sie wissen, es kommt die Zeit, da wird es mir beantwortet, aber um keinen Preis bleibe ich stehen, ich möchte immer wieder ein kleines Stück weitergehen, nicht verweilen, denn dieser Weg ist der schönste den ich lernen darf. Vieles verstehe ich, vieles nicht, aber zum Verbleiben bleibt mir keine Zeit, denn die Lösung finde ich, wenn ich selbst in mir dazu bereit bin.

Haltet euch dadurch nicht auf, geht einfach weiter. Ihr dürft euch an keinen Gedanken festhalten, das zieht euch zurück. Lernt mehr zu fühlen. Haltet euch auch nicht über geistige Fragen auf, die ihr Menschen sonst habt in der Esoterik, das lässt euch genau auf diesen Ebenen stehen – so werdet ihr uns nicht folgen können. So könnt ihr auch nichts annehmen von uns, uns nicht spüren – eure Gedanken machen euch zu. Ihr müsst weitergehen können, uns folgen können, euch öffnen können, feinfühlender werden – dann können unsere Energien einfliessen. Ihr dürft in euch ruhen uns zu suchen – aber nicht in den Geschehnissen verweilen; dort sitzenbleiben. Zerlegt nichts in Gedanken, sonst bleibt ihr auf den gleichen Ebenen stehen, das darf nicht geschehen. Es ist ein Fühlen zu uns.

Aber auferlegt euch auch im Geistigen keine falschen Pflichten, ‹ich muss und ich sollte›; dies bringt keine Freude und kein Vorwärtskommen. Ihr wisst genau was ihr im äusseren Leben für Pflichten habt, was ihr als Menschen erfüllen solltet, was eure Aufgaben sind. Und ihr könnt sie freudlos tun, aber ihr werdet uns dann nie folgen können.

Ihr könnt das Alltagsallerlei in Freude ansehen, dankbar, dass ihr es selbst noch verrichten könnt und ihr es noch habt. Andere liegen jahrzehntelang im Bett und können gar nichts mehr tun. Tut eure Arbeit mit Freude, auch in einer Grosszügigkeit – und dann nehmt euch Zeit, dann sucht uns. Denn sonst stimmt alles nicht.

Für alle Suchenden des Mystischen Pfades gilt, dass keiner stets nur auf seinem Blickfeld beharrt, wie man uns sehen möchte und wie man uns erreichen kann. Dies erschwert euch alles – mit euren Vorstellungen könnt ihr nicht zu uns gelangen. Und jeder hadert dann, ‹wie komme ich dahin, wie suche ich?› Wenn es auch nur versteckte Bilder sind, falsche Hoffnungen, eine falsche Illusion, wie man uns suchen kann. Man kann uns nicht erzwingen. Sich ein Bild von dem Geistigen erstellen, was alles für Geschehnisse da sind – da hält ihr euch fest. Lasst euch frei, nehmt euch diese grosse Freiheit, denkt und fühlt nicht in Bildern zu uns. Sonst sind falsche Vorstellungen in eurem Kanal. Und da können wir nicht fliessen lassen, sonst nähren wir ja eure falschen Bilder.

Gott gebe, dass ihr versteht. Die totale Hingabe, der totale Glauben, eine totale Liebe und auch ein totales Bereitsein sein Leben zu geben. Davor schrecken die Meisten zurück. Sie verlieren es zwar nicht, aber sie müssen bereit sein, Veränderungen hinzunehmen. Lasst euch einfach frei – ohne Gedanken – einfach mit einem Lachen! Es braucht für uns nichts! Wir brauchen gar nichts! Wir brauchen nur jemanden der offen ist und sagt, ‹ich bin ein Werkzeug›, aber sich nichts vorstellt, sondern sich führen lässt. Hört auf, euch etwas vorzustellen. Verfällt nicht stets in eure Gedankenwelt – auch im Alltag nicht –, unterbindet sie. Macht eure Arbeit, und dann lässt euch einfach ruhen, einfach ruhenlassen.

Dies könnt ihr in der Meditation, dies könnt ihr auch, wenn ihr in der Natur seid. Versucht nicht den Gedanken nachzugeben, sonst werdet ihr die Natur nie finden. Die Natur braucht Ruhe, sie braucht die Offenheit des Menschen. Und nicht einen Menschen der schon wieder grübelt und mit den Gedanken weiss wo ist. So findet ihr nie in unsere Bereiche.

Das Wichtigste ist, leer zu sein, um endlich das Leben zu finden, und nicht nur den einen Teil des Lebens im Übermass aufzufüllen – und der andere verkümmert, obwohl man nach ihm Sehnsucht hat, ihn leben möchte. Lernt keinem Wort nachzuhängen, ob es heilig oder unheilig, es sind Worte, werdet frei von ihnen. Unseren Weg könnt ihr nicht mit diesen menschlichen Gefühlen gehen, nicht mit menschlichen Worten.

Entrückung – was ist gemeint 6.4.01

Auch dies ist eines der mystischen und verschlüsselten Worte. Ihr wisst, Worte sind nur Worte – oder Worte sind nicht gleich Worte –, betrachtet euch dabei selbst. Ihr alle, die ihr unsere Worte liest oder die ihr hier seid und unseren Worten lauscht, wie begreift ihr das Gehörte? Wie setzt ihr erst einmal die Worte für euch selbst um? Wie überbringt ihr die Worte andern? Wie erfühlt ihr die Worte? Wie gebt ihr sie als Wissende weiter?

Und dies ist bei jedem Menschen so, wenn er tief geht und vielleicht einmal selber Worte in sich hören darf, in sich fühlen darf, sind sie nicht immer gleich zum Weitergeben bestimmt. Sie sind auch nicht unbedingt so gemeint, wie man sie gerne glauben möchte. Oder man hat Worte gehört und versteht sie nicht, aber man trägt sie weiter oder schreibt sie auf.

Woher auch immer Worte sind; wenn sie wirklich aus dem tief Geistigen an einen Menschen gelangen und er tief ist, kann er mit ihnen umgehen und er weiss, es sind immer verschlüsselte Worte, ich muss sie für meine Mitbrüder und Schwestern anders formulieren, denn sonst gibt es ein falsches Bild. Denn sie lesen oder sie geben die Worte so weiter, wie sie eben gesprochen werden und dies ist manchmal ein Verhängnis. Aber dies ist in der ganzen Bibel so. Es sind Worte, die weitergegeben wurden, nach einer langen Zeit, von Menschen die zuhörten, aber vielleicht die Reife und die Tiefe nicht hatten, sie richtig zu verstehen.

Und die gläubigen Menschen heute, wieviele auch wirklich auf eine Entrückung hoffen – es ist nicht eine so grosse Anzahl, die dies so glauben; auch die sich Christen nennen, sind nicht immer Gläubige. Oder sie glauben an ein Leben nach dem Tod, oder sie glauben so fest an Jesus. Schaut nur eure Jugend an. Viele werden getauft, nennen sich Christen und sind keine mehr.

Aber dies ist auch etwas, was Kirchen, welcher Religion oder Gemeinschaft sie auch immer angehören, so weitergeben, ohne diese Tiefe noch zu haben. Sie erlernen diese Worte oder lesen sie, wie sie da geschrieben sind. Und da die Kirchen die Bibel nur als Buch nehmen und die Mystik darin nicht mehr verstehen, wird ein Mensch, der in sich selbst nicht tiefer fühlen kann, nur den Worten glauben.

Aber er glaubt wiederum nur die Stellen, die ihm angenehm sind. Heute gibt es nur noch sehr wenige tiefgläubige Christen. Aus jeder Bibel und aus jedem Wort werden die Lehren so ausgelegt, wie sie zu der jeweiligen Gemeinschaft passen, sodass jede geltend machen kann, die richtige zu sein.

Und dies mit Jesus – dies wird nicht so geschehen. Denn er wird kommen als Mensch und er wird wieder gehen als Mensch. Und er wird wieder Worte bringen – sicher nicht so wie dazumal – und er wird wieder einige, eine Zeit sogar viele Anhänger haben, obwohl viele gar nicht wissen, wer es ist; ihr wisst ja, wie schnell Menschen jemandem anhängen, ihn als Meister anerkennen, weil sie ja für sich einen Teil erhoffen, selbst Meister zu werden, selbst gläubig zu werden, selbst heilig zu sein, um durch diesen Meister selbst weniger dafür tun zu müssen.

Aber wenn die Worte unangenehm werden oder der Meister gar nicht mit ihnen spricht, verlassen viele diesen Meister wieder. Dann wird er beschimpft, dann ist man enttäuscht, wie die Menschen eben sind. Einige werden weiterfolgen – diese werden aber wieder sehr wenige sein. Und die wirklich verstehen, sind nicht einmal eine Handvoll. Denn das wahre Erkennen, verlangt von den Erkennenden viel. Diese können dann aber wahre Worte weitergeben.

Und meistens schreibt man ja dann solche Worte gar nicht auf. Denn sie sollen ja jene Menschen berühren, die dann um ihn weilen, die dann da sind. Denn Worte die gelesen werden, werden wieder von jedem anders verstanden.

Ich denke jetzt auch an sie, die diese Worte spricht. Ihr blickt immer darauf, was der Mensch im Äusseren für euch tut. Wer mit uns so nah verbunden ist, kann mit Menschen sehr tief arbeiten – und sie brauchen nicht bei ihm zu weilen. Manche spüren es, manche nicht. Wenn dann aber ihre Zeit da ist, wird dies alles aus diesen Menschen hinausgetragen und sie sind erstaunt über ihr Wissen.

Man kann nicht mit allen Menschen gleich arbeiten; jeder ist wieder anders, er ist sein eigener Mensch. Bis es das Innere zulässt, braucht es seine Zeit. Manchmal wird man abgewiesen, auch wenn das Äussere formuliert: ich gehe und ich suche und ich möchte – aber sein Inneres ist nicht bereit. Er wollte zwar, aber er ist den äusseren Verlockungen erlegen, sodass das Innere verschlossen blieb.

Ihr Menschen, ihr blickt immer nach dem äusseren Helfen, nach dem äusseren Tun. Ihr wisst ja gar nicht, was ein inneres Wissen ist. Wie tief dies ist und was für eine Vorbereitung es dazu braucht. Ihr schaut nur immer: Meister, erkläre mir die Worte, Meister, erkläre mir eine Besonderheit, Meister, erkläre mir, wie geht diese Praktik, wie gehe ich von A bis H, wie handle ich da, wie kann ich das hinter mir lassen, wie, wie, wie und warum und wieso? Und ich möchte doch arbeiten und ich möchte wissen, ich möchte wissen für andere – im Versteckten meint er sich jedoch selbst.

Eine lange, lange Zeit geschieht gar nichts mit einem, während dieser Geistigen Schulung, und man muss dennoch bereit sein, dankbar für alles sein. Dies ist die schlimmste und schwierigste Strecke für einen jeden der geht, der hofft, der frägt, besonders da ja in eurer Zeit jeder jedem erzählt: ‹Ich meditiere, ich suche einen Weg, ich möchte für andere Menschen ein Heiler sein, ich möchte für andere Menschen ein Medium sein, ich möchte tun…›

Wir hören sehr selten: ‹Ich möchte in der dunkelsten Kammer sein, niemand soll mich kennen, ich möchte alles in Liebe tun.›

Religion – was ist das? 10.8.01

Soeben las ich ein authentisches Buch mit den Äusserungen eines Kardinals über Gott und Jesus Christus, und wie er sich Religion denkt.

Wie lange willst du noch von einer heilen Kirche träumen. Dies solltest du ja eigentlich wissen. Warum blickst du nicht nach Rom, du solltest doch wissen, was dort geschieht. Sicher gibt es die Einen oder Andern die wirklich tief gehen – die aber nur in einem Orden der Bescheidenheit sind und wiederum in diesem Orden, sehr in sich zurückgekehrt leben, denn sonst haben sie selbst in einem solchen Orden einen schweren Stand. Die das Wissen haben und tiefer fühlen, schweigen sich darüber aus; in eurer Zeit, schweigt man darüber sowieso.

Und schau, wie sollte jemand Jesus beschreiben wollen, der nicht dabei war? Über jemanden zu schreiben... es wäre das Gleiche, wenn du dies tätest. Du gingst von deinen Gefühlen aus, von deinen Bildern, von deinen Wünschen, von deinen Vorstellungen. Du würdest also Jesus nach dir beschreiben und dann sollte die ganze Welt oder ein Teil davon, dies nun glauben, weil du dies ja so schreibst, denn du gibst dich ja mit diesen Themen ab. Das Jesus-Bild soll also gefälligst so sein.

Wie kannst du in eurer Zeit über jemanden schreiben, wenn du dich nicht in den Gefühlen, in den Bildern zurückversetzen kannst, nicht in jene Zeit, nicht in jene Gefühle, nicht jene Worte hörst und das Leben miterlebst?

Und dann ist es ja auch immer so, dass wenn man in dieser Zeit gelebt und alles miterlebt hat, es dennoch jeder wieder anders empfunden, weil selbst im Miterleben jeder einzelne ein anderes Gefühl für ihn entwickelt hat.

Schau all die Leute um dich herum. Jeder hat ein anderes Gefühl für dich, ein anderes Gedankenmuster, einen anderen Zugang zu dir. Und sie werden irgendwann etwas erzählen, etwas formulieren, das ganz anders tönt, als von dem, der dir am Nächsten war. Jeder hat ein anderes Bild, ein anderes Gefühl, eine andere Vorstellung und versteht deine Worte nochmals anders.

Also gibt es von einer einzigen Person, wenn hundert andere um sie herum sind, hundert verschiedene Bilder.

Es ergibt demnach auch keinen Sinn eine Religion aus einer Person machen zu wollen. Dies wollte ja auch Jesus nicht.

Nein, dies haben Andere getan um zu verdienen, um Macht auszuüben und nicht um das Gute zu bringen. Denn die das Gute wollten und es nachleben wollten, waren ja die Unterdrückten, die Verfolgten. Die wirklich aus tiefem Herzen einander halfen, die waren nicht in der grossen Kirche. Das waren die, welche grosse Worte sprachen und immer ihren Scheffel aufhielten.

Jesus wollte ja nicht ‹sich› einbringen, er wollte ja dem Menschen ‹Gott› wieder näher bringen, er wollte das was Gott heisst, die Liebe den Menschen bringen und den Frieden untereinander, aber wenn man da liest, was das für ein Machtgefüge und ein Gerangel ist, dann hat dies damit nichts zu tun.

Schau, warum muss eine Kirche protestantisch sein, eine Kirche katholisch, eine Kirche wieder anders – wo ist da der Sinn? Was bringt es? Es bringt geteilte Menschen.

Und was bringen solche Bücher? Was hat dies für einen Sinn? Wer Macht ausübt, wo Intrigen geschehen, was ist da wichtig? Menschen, die tiefer fühlen, sehen ja die Wahrheit, sie wissen um das was geschieht. Es ist nur Mensch, was da geschieht. Und warum soll man über ‹Mensch› sprechen, wenn man das Tiefe erfahren kann.

Religion – was ist das? Es heisst für jeden Menschen mit seiner Religion zu schreiten: ‹seinen› Pfad zu gehen, ‹seine› Richtung zu gehen ‹seine› Liebe, ‹seine› Demut – dies ist die Wichtigkeit.

Überall liest man, man bekommt Ratschläge. Wenn der Mensch sie nicht umsetzt und wenn er sie nicht zum Guten verwendet, dann bringen all diese Worte keinem etwas. Es sind nur wieder Menschen, die mit dem Finger zeigen: wir haben es gewusst, es ist ja alles schlecht.

Auch wenn es schlecht ist, so muss man aber selbst nicht auch noch schlechte Gedanken und Worte dabei verlieren. Denn man kann dies auf der Seite liegen lassen, denn es geht einem nichts an. Wichtig ist, dass man selbst gute Taten bringt, ändern kann man dies nicht. Aber in seinem Umfeld das Gute bringen, dass da weniger von dem geschieht – dies ist wichtig.

Was blickt ihr zu den grossen Kirchen; ändern könnt ihr sie nicht. Keine Religion bringt dir etwas. Du musst ‹dein› Inneres fühlen. Du musst ‹zu dir› gelangen, um dort das Wahre zu geben.

Und ob nun Menschen von einer Religion zu dir kommen; es muss aus deinem Inneren fliessen, es muss liebend klingen, es muss nicht überzeugend sein. Es muss nicht mit weisen Worten gesagt werden. Aber die Worte sollen einfach und liebevoll sein, dass diese Menschen wissen: ja das stimmt, da kann ich mich hinbegeben.

Aber auch da muss sich jeder wieder selbst prüfen. Keine Religion in eurer Zeit hat noch die Tiefe und jede Religion geht wieder einen falschen Weg, wenn sie wieder nur Menschen anwerben möchte, damit die Kassen voll sind. Also hat jeder doch die gleichen Gedanken, nur legt er sie anders aus.

Aber Religion kann nur durch das Herz entstehen. Und wie man diese Religion dann benennt, ob man mehr zum Buddhismus geht oder mehr in das Christliche geht, da lasst euer Herz sprechen. Aber in jeder Religion, wo ihr auch hingeht, müsst ihr prüfen – und nicht einfach gehorchen und blindlings folgen.

Schau, wenn du in die Tiefe gehst, kannst du, wenn du wirklich in die Tiefe gehst, vielleicht zu dem Ursprung dieser Religion zurückgehen und bekommst dort mehr Wahrheiten. Dann brauchst du all das, was im Umfeld gelernt wird, nicht mehr mitzutragen, weil es dann gar nicht mehr so wichtig ist.

Denkt nur an eure Bibel. Wieviele Male ist sie umgeschrieben worden? Wem nützt es, wenn man sie jahrzehntelang studiert und immer noch die Worte nicht richtig versteht und immer noch nach den äusseren Worten formuliert und Abhandlungen davon gibt, eigene Gefühle in sie hinein interpretiert, und plötzlich von sich selbst glaubt, man würde nun alles verstehen und andere damit überzeugen und belehren müssen.

So geht das falsche Bild immer weiter und niemand versteht die Wahrheit und niemand handelt nach der Wahrheit. Denn jeder bittet für sich, wenn er krank ist und wenn es ihm oder der Familie nicht gut geht, dann ist die Religion wieder gut. Es ist immer ein Bitten des Menschen, ‹ich möchte und ich sollte und ich wollte, mir geht es nicht gut, nun tut und macht und helft mir.›

Und dann kommt wieder der Zeigefinger und belehrt: ‹Du bist ein Sünder, du bist schlecht, du handelst nicht nach den Schriften.› Es ist immer der gleiche Kreislauf.

Aber einmal wirklich still zu sein, um dann die tiefe Geborgenheit, die tiefe Liebe zu geben, jemandem ein Geschenk in Liebe als Überraschung zu bringen, wortlos wieder zu gehen, ein Besuch der plötzlich da ist – dies ist die Wahrheit: es tun.

Und auch wenn man nicht tut und in der Stille ist, in der Stille die Kostbarkeit, das tiefe Denken an andere, das Licht weiterzugeben, um zu sagen: ‹Euer Wille, Dein Wille geschehe mein Gott›! Ich denke nun an einen Menschen und wenn es Euer, Dein Wille ist, dass es ihm wieder gut geht, dann danke ich dafür. Dies ist die Religion, in sich zu leben und seinen eigenen Pfad zu gehen. Immer wieder, wieder, wieder zu gehen und nur das Positive zu denken, das Licht zu geben, die Liebe, die Ehrfurcht, die Demut, die Fröhlichkeit und das Lachen, und in allem das Positive zu sehen und sei es noch so schwer und negativ. Immer sagen zu können, das sind die kostbaren Lehrmeister meines Lebens.

Und Religio ist ja Rückbesinnung auf sich selbst?

Richtig, sich in sich selbst besinnen – seinen Weg in sein Inneres zu gehen, mit sich zu gehen auf dem Weg.

Erleuchtung in der Bibel 6.4.01

Die Gottessehnsucht, die Sehnsucht dieses unendlich reine, klare Licht zu erleben, das Gott bedeutet, was man auch ‹eine Erleuchtung haben› nennt, und was der Apostel Paulus auf seinem Weg nach Damaskus erfahren hatte, als Jesus nach seinem Tode ihm erschien und ihm zurief: ‹Saul, Saul was verfolgst du mich?›, und er vom Pferd fiel und blind war; ist dies etwas das jedem Menschen zuteil wird auf der Suche nach Gott?

Erleuchtung, erlebt nicht jeder, der den Geistigen Weg geht. Es kommt darauf an, wie weit die Seele schon fortgeschritten ist, wie weit sie gelernt hat. Erleuchtung erlebt jemand der kurz vor dem Ende aller seiner Erdenleben ist. Damit ist nicht gemeint, dass er sofort heimgeht, sondern einfach von seinen Inkarnationen – und dass er nur zurückkehren wird, wenn man ihn wieder braucht, sonst nicht! Oder wenn er einigen Seelen helfen möchte, indem er viel Leid auf sich nimmt, um ihnen die Chance zu geben, weiter zu gehen.

Erleuchtung ist etwas so Kostbares und Tiefes! Und schau dir eure vielen Erleuchteten an, die in irgend einer Weise geistig tätig sind und den Willen haben, andern zu helfen, was wir in keiner Weise schmälern wollen. Aber nehmen sie sich auch wirklich all die Jahre der Stille, um dem Licht ganz entgegen zu gehen?

Diesen Weg kann man nur ganz tief gehen, und dazu braucht es eine unendliche Geduld. Wie schnell und auf welche Art etwas geschieht auf seinem Geistigen Weg, kann ein Mensch, auch wenn er sehr weit in sich gereift ist, selbst nicht steuern; dies kommt aus der Gnade Gottes.

Erleuchtung bedeutet – das Licht der Liebe erleben – und wenn ihr dies erfahren habt, brennt in euch eine Liebe, die man sonst als Mensch nicht kennt – und sie verlöscht nie! Sie wird immer stärker, die Sehnsucht wird immer grösser und in euch verwandelt sich alles zu einer Fröhlichkeit, und dies heisst dann für euch, dass ihr nun Andere ganz versteht, für sie da sein möchtet und diese Liebe weiter geben könnt. Bis vielleicht die Zeit kommt, da auch ihr euch das Recht nehmt, euch wieder in euch zurückzuziehen und noch ein kleines Stück für euch alleine zu lernen, und dann euren Körper zu verlassen.

Kann man denn nicht auch Liebe weitergeben, ohne dass man sie selbst empfangen hat?

Man kann auf viele Arten geben. Nur diese Kraft kann kein Mensch geben, der nicht die Erleuchtung durchlebt hat, denn woher würde dieser Körper sonst weiter existieren können. Denn er gibt dann solche Mengen Lebenskraft ab und Energien, dass er gar nicht imstande wäre, dies selbst wieder aufzubauen.

Dies kann nur geschehen, wenn man in der Einheit Gottes ist und die Ewige-Liebe in sich trägt. Man liebt, und alles was auf einem zukommt, kann man in Liebe umwandeln, dies ist von grosser Bedeutung, denn sonst würde man sich verlieren und irgend wann körperlich und auch psychisch krank.

Man kann nicht immer nur geben und geben und mit den Problemen anderer leben, man muss sie ja verarbeiten, denn man muss ja auf die jeweiligen Menschen eingehen. Und dies geschieht immer in sehr grosser Liebe.

Und dies ist die Kraft Gottes, die Liebe Gottes und das Strahlen Gottes!

Der mystische Pfad ist nicht der spirituelle Weg 24.8.01

Jeder Suchende sollte bei allem Tun und Wirken im spirituellen Bereich, das Geistige in sich selbst nie vergessen. Alles noch so lobenswerte Tun für Andere kann einem stehen lassen, wenn man dabei vergisst, sich selbst weiterzuformen. Manche die einen Sinn im Leben suchen, glauben, Gutes zu tun sei ihre ganze Aufgabe.

Auf dem Geistigen Wege kommt für jeden einmal die Zeit, die einen jeden frägt, ‹wie weit muss man dem äusseren Helfen nachgehen – ist es nun nicht an der Zeit, wo ich mich selbst verwirklichen kann, mich selbst in meiner Weisheit, in meiner Tiefe finden kann›? Dass man sich eine gewisse Zeit der Besinnung nimmt, die Tiefe der Meditation sucht, um in sich zu hören. Nicht nur die äusseren Tätigkeiten anderer in den Vordergrund stellt, das äussere Helfen anderer – dies ist sicher alles lobenswert – aber den Geistigen Weg zu gehen, heisst einfach auch, für sich zu gehen. Man tut immer viel Gutes für andere, aber sich selbst vergisst man.

Für jeden Menschen können wir immer wieder nur sagen, sucht das Tiefe – und dies braucht eben auch seine Ruhe, seine Stille, seine Zurückgezogenheit. Denn sonst kann man nie ganz seine Aufgabe finden. Weil man ja im äusseren Hören, im äusseren Tun für Andere da ist. Dies Wort, ‹für Andere da zu sein›, darf wieder nicht falsch verstanden werden; auch dies ist lobenswert.

Aber auf dem tief Geistigen-Weg ist es auch wichtig, dass man sich selbst formt, sich selbst ertragen kann, sich selbst erfühlen kann, dass das Tor sich öffnet, und dass man uns hören kann, in welcher Form auch immer. Denn wir können ja nicht einem Menschen Worte übermitteln oder ihm seine bestimmte Aufgabe, sein Wissen bringen, wenn er für sich keine Zeit hat, das Wissen das in jedem liegt, nicht das was er im Äussern hört, erlernt oder nachahmt.

Denn jeder Mensch, der auf dem spirituellen Wege geht, kann den Weg der Anderen gehen. Er kann den Weg des äusseren Erlernens gehen, aber er geht dann nicht seinen Weg, um wirklich mit dem Geistigen verbunden zu sein, um wirklich das Lichtvolle in sich zu tragen. Denn ‹sein› Weg, seine Tätigkeit, sein eigenes Wissen das in ihm liegt, hat keiner sonst, denn ‹seine› spezielle Aufgabe unterscheidet sich immer von andern. Und wenn diese Aufgabe nur in zehn Worten anders ist, so sind es genau diese zehn

Worte, die dann nicht gebracht werden und die vielleicht anderen Menschen helfen könnten, der Natur helfen könnten oder auch sich selbst – man hört sie nicht, man verpasst sie.

Und viele die diesen Weg gehen, werden sagen, dies kann nicht sein, dafür sind wir da, die wir Seminare geben, die wir doch spirituell sehr erleuchtet sind, die wir grosse Lichtwesen sind, wir arbeiten doch für das Geistige. Der Mensch in eurer Zeit, spricht sehr viel von Erleuchtung, Lichtwesen, mit dem Lichte arbeiten – diese Worte sind sehr leicht gesagt.

All diese Worte kann man nie in einem Seminar erfahren, sie müssen selbst erfahren werden – in einem, durch einem – und nicht in der Leichtigkeit, dass man so und so viel von dem Materiellen bezahlt, von andern Menschen Worte hört und diesen Worten nachfolgen soll. Sicher, wenn man Jahre mit solchen Worten, mit solchen Praktiken arbeitet, wird der Mensch auch sicherer, und einiges fliesst dann vielleicht auch von ihm ein – aber es ist eben wieder die äussere Ebene.

Wir wissen nun leider, dass jetzt einige die diesen Weg gehen, darüber in unschöne Worte verfallen. Der Weg ist dann aber nicht der tiefe Weg. Der tiefe Weg geht durch die Stille der Erfahrung, des Erlernens und durch viele Gefühle, die in jedem früher oder später Reaktionen, manchmal Tränen, Verzweiflung, körperlichen Schmerz auslösen, um der Reinheit des Lichtes näher zu kommen. Wenn man dies alles aushält, ohne wieder hinauszuflüchten um Ablenkung zu suchen, um Worte zu hören, um doch auch den Andern zu zeigen, ich bin noch da, ich funktioniere wie ihr, ich tue immer Gutes und bin für alle da und ich helfe allen – ihr seht doch, wieviel Energie durch mich fliesst, wieviele schöne Worte ich formulieren kann.

Wenn es Menschen nützt, ist dies schön. Aber es wird ihnen nur soweit nützen, dass die Menschen irgend wieder zu jemandem zurückkehren müssen um wiederum Hilfe zu erhaschen, um wieder in der Waagschale zu sitzen – die eine Seite ist höher, die andere tiefer – und immer wieder in dem Ungleichgewichte zu sitzen. Aber nie in dem fliessenden Fluss der Ewigen Liebe, des tiefen Verstehens, der Ausgeglichenheit, wo keine Situation und kein Worte euch aus dem Gleichgewicht bringen, sondern ihr so in eurem inneren Fluss der Ewigen Liebe seid, dass ihr gebt und versteht.

Dass ihr wisst, ich brauchte mich weder zu zeigen, noch müssen andere mich kennen. Aber das was in mir ist, kann ich allen Menschen, die bereit sind dazu, geben. Dies kann ich durch die Stille tun. Und diejenigen, welche die Ewige Liebe empfangen und ganz den Mystischen Weg gehen, werden mich verstehen, denn ihr Inneres ist bereit:

‹Wie ich auch immer für diese Menschen wirken kann, sei es für eine Heilung, sei es Hilfe bei psychischen Problemen, wenn sie in Trauer sind oder in Schmerz, oder selbst Suchende; so kann ich das Richtige tun, denn die Geistige Welt zieht die Fäden zu mir und zeigt mir, welchen Menschen ich helfen darf, ich brauche nicht Menschen in grossem Ausmasse zu helfen. Vielleicht nehme ich ihnen sonst durch meine Hilfe die Chance, in ihrem Leben etwas zu lernen›.

Jeder Mensch ruft nach Hilfe, wenn es ihm schlecht geht, in welcher Situation auch immer, und er möchte es los sein. Oder er möchte schöne Worte und Lobpreisungen, oder sucht, wo er Problemen ausweichen kann. Nur hilft es ihm nichts, denn dem geraden Weg der Gerechtigkeit des Seins, mit dem Naturgesetz: der Suche nach dem Licht, wird der Mensch nicht ausweichen können. Das was er sich auflud, um zu lernen, wird er selbst lösen müssen.

Aber dies braucht auch wieder Einsicht und eine gewisse Tiefe, denn jeder kommt zuerst eben in die Versuchung, dass man die Hilfe aussen holt. Und dies ist auch ein Erkennen in einem Leben. Aber es ist eben doch eine sehr äussere Erfahrung, denn man ist immer noch seinem Menschen sehr nahe, man ist dem Körperlichen sehr nahe.

Und all die Menschen in eurer Zeit suchen vor allem das ‹Schöngeistige›, das Leichte, das In-sich-Strahlende, aber es ist nur der äussere Schein. Zu uns in die Tiefe zurückzukehren braucht mehr. Eines jeden Aufgabe wäre, sich mehr Zeit zu nehmen, sich selbst anzusehen und sich zu fragen, ‹wohin möchte mein Herz gehen, nimmt es die gewohnte Strasse oder hat es den Mut, dem Wahren entgegen zu gehen?› Um dann für Menschen zu wirken, aber auf einer anderen Ebene.

Dies zu beantworten ist jedem selbst überlassen, denn dieser Weg ist nicht der Weg der Vielen. Es ist nicht der Weg, den viele Menschen suchen, denn sie suchen ja den andern Weg. In eurer Zeit gehört es dazu, dass die Menschen im Äussern helfen möchten, denn äussere Menschen suchen sie auf. Und das Angebot auf dieser Ebene ist sehr, sehr gross. Und wie auch immer jeder in sich arbeitet – es ist seine Verantwortung, es ist sein Tun.

Und jeder Mensch kann arbeiten; aber wie er arbeitet, das sehen wir. Ist es nur für das Äusserliche, um seine Erfolge zu sehen, das Materielle? Und dies hat mit dem Geistigen nichts zu tun. Menschen auf dieser Ebene, arbeiten aus ihrem Herzen – sicher werden auch sie das Finanzielle brauchen, denn ihr seid in einem Land das Verpflichtungen hat – aber sie werden sich nie bereichern, sie werden bescheiden leben und sich nur das Nötigste nehmen; von denen gibt es nicht sehr viele, sie werden nochmals anders bemessen.

Alle die nach Namen gehen, nach Zahlen – wieviele Menschen waren bei mir an diesem Tage – dies ist nicht unser Weg. Aber es ist ein Weg des Menschen, um irgendwann in anderen Leben tiefer zu gehen, wenn sie erkennen, Mensch sein ist sicher eine Kostbarkeit. Es sind Reisen auf denen man viel lernt, viel erfährt, viel Falsches tut, Unheil bringt – all dies sehen sie wieder – bis sie dann in das Leben kommen, in dem sie sich von dem Äusseren trennen können und ihr ganzes Ziel nur noch in das Innere geht, dem Lichte zugewandt, um zu wissen, das Ziel ist nicht Mensch zu sein, nicht Körper, sondern ins Licht zurückzukehren, um vielleicht dort anders zu wirken.

Dieser Weg ist nicht leicht, denn ihr wisst wie verurteilend die Menschen sind, wie sie belächeln, wie sie den Kopf schütteln und sagen: ‹Nein, dies kann nicht der Weg sein, man muss doch tun, man muss unter Menschen gehen, man muss helfen, helfen, helfen. Und nicht sich zurückziehen, still zu sein, so bringst du nichts, so tust du nichts!› Dies ist schwer, es braucht den ganzen Mut und die ganze Liebe eines Menschen zu sagen: ‹Doch es ist der Weg, es ist der Weg des Lichtes, ich weiss es›.

Aber wenn man das Äussere noch braucht, dann soll man das Äussere tun, und dann ist es auch gut, denn jeder Mensch soll ja in seinem Leben, das Gefühl des Glücklichseins erleben, wenn er dabei wirklich glücklich ist. Denn wenn er wirklich glücklich wäre, gäbe es bei ihm keine Schwankungen mehr, keine Traurigkeit oder Ungeduld. Schmerz würde er ertragen, denn er versteht dann den Sinn, er kann damit umgehen oder verändern. Und all die Äusserlichkeit könnte einem nicht mehr aus der Ruhe bringen, denn man kann das ganze Licht hineinlegen.

Aber dieser Weg – wir wissen dies – ist schwer und es gehen ihn nur Wenige. Aber vielleicht mag ihn einer doch gehen und hat den Mut, denn die Erde braucht Licht; nicht nur Licht in äusseren Worten. Wir wissen, es gibt weltweit viele Menschen. Aber das tiefe Licht kommt meistens aus dem Verborgenen. All die Rituale bringen so viel, wie sie wirklich aus tiefem Herzen vollzogen werden und nicht nur weil man dabei ist, weil es schön oder interessant ist, weil man in einer Gruppe ist.

Es ist wichtig, dass einjeder sich diese Frage selbst beantwortet, denn er soll glücklich sein auf seinem Wege. Und etwas zu suchen und zu vollbringen, was einem nicht nahe ist oder man nicht gerne tut oder von dem man glaubt, nein, dies kann es nicht sein – der muss auf seiner Strasse weitergehen und seine Tätigkeit wird dann immer im äusseren Bereich bleiben, um andern vielleicht zu dienen, um Ratschläge zu geben. Aber wieweit sind die Ratschläge wirklich dann vom Geistigen?

Gott behüte euch und die Hoffnung des Lichtes, dass ihr in euren Herzen die Sehnsucht der Liebe spürt und den Mut habt, euch für euch selbst mehr Zeit zu nehmen.

Heilsversprechen – die sich nicht erfüllen 2.11.01

Menschen die suchen, die fragen, auch hoffen, suchen meist eine Lösung bei jemandem von dem sie glauben, den Rat zu bekommen, den sie gerne hören möchten.

Aber Worte können von verschiedenen Ebenen gegeben werden. Probleme die sich auf den äusseren Menschen beziehen, werden meist aus dem Astralbereich gegeben. Dies ist in einem Moment, wo jemand verzweifelt ist, neugierig ist, oder welche Fragestellung auch immer geschehen ist, sicher zufriedenstellend, da sie dadurch Erleichterung erfahren und nun wissen und verstehen können, warum und wieso. Es ist aber, wie wir auch schon erklärt haben, eine momentane Hilfe, denn das gleiche Problem wird ihn solange immer wieder einholen, bis er es selbst gelöst hat.

Worte, die das Geistige schreibt, sind aber tiefere Worte, die nicht immer gleich verstanden werden und nicht in den üblichen Rahmen passen; sie bekommen nicht dieselbe Beachtung, oder man nimmt sich nur gerade das heraus, was einem zusagt. Gerade solche Worte hätten aber die Eigenschaft, den Menschen wachsen zu lassen. Je mehr einer in sich arbeitet und je weiter ein Mensch in seinem Inneren fortschreitet, je besser würde er gerade solche Worte verstehen, weil er an ihnen reift und damit weitergegangen ist.

Die Wege die der Mensch von heute, dem Geistigen zuschreibt, sind in euren Bereichen derart vielfältig, ja geradezu absurd geworden, dass es für die Menschen, die sich irreleiten lassen, arger ist, als wenn sie gar keinen Weg beschritten hätten, sondern einfach als gewöhnlicher Mensch, auf der äusseren, menschlichen Strasse weitergegangen wären.

Denn mit all diesen vielen äusseren Praktiken, die bei euch angeboten werden an Heilsversprechen, an Wirkungen, die sie angeblich auslösen, woher sie kommen, wohin sie führen, wird für das Materielle sehr gesorgt. Und solange die Euphorie anhält und solange es auch in einer Gruppe geschieht, sie eine Gruppen-Euphorie bewirken, oder manchmal auch die Verblendung oder die Vernebelung des einzelnen Menschen ihn nicht mehr so stark auf eigenen Füssen gehen lässt, dass er diesen Weg in der Realität auch wirklich gehen könnte. Sondern er ‹schwebt› irgendwo und glaubt, wieviel Weisheit und wieviel Gutes und wieviel Erleuchtung in ihm liegt, was für ein Lichtwesen er eigentlich ist und wieviel er bringt – eure Welt müsste so heil sein, und der Mensch müsste so verstanden haben, dass es überhaupt nur noch schwebende Menschen geben müsste auf dieser Erde.

Und soviel Unsinn wird mit dem Geistigen Weg getan, und die Verblendung ist so gross für die, die suchen. Aber jeder sucht genau dort, wo er eigentlich hin möchte, weil er ja im Äussern Gutes bringen will, und er glaubt an seine Worte, aber es muss alles gleich geschehen, denn Geduld haben wir nicht. Wir haben auch keine Zeit uns gewisse Jahre zurückzuziehen im Stillen, dass niemand eigentlich weiss, dass man ein Suchender ist, ein Fragender, man einfach in sich ruht, meditiert und versucht wirklich mit dem Wahren in Kontakt zu kommen.

Die Illusion der meisten Menschen die diesen Weg gehen, ist immer: wir heilen diese Erde, wir bringen das Licht, wir bringen die Veränderung, wir haben verstanden, wir können andern ganz schnell Gutes tun, der Mensch und die Erde wird durch uns verändert.

Welch einer Gaukelei ist da der Mensch verfallen! Der Mensch hat sich über hunderte von Jahren, von dem Wahren wegbegeben. Er ist so weit weggegangen, dass er nur noch den äusseren Teil lebt. Und leider sehr mühselig sein wahres, inneres Leben wieder suchen muss, darf, soll.

Und wir brauchen auf dieser Erde keine ‹Heilsbringer› mit schönen Worten und Taten im Äussern, wir brauchen ‹wahre› Menschen. Menschen die festen Fusses auf der Erde stehen, die in die tiefe Klarheit sehen: ‹Was ist der Mensch nun wirklich?› ‹Was hat der Mensch der Natur, den Tieren und seinen Mitmenschen angetan?›

Und dies Wissen kann keine Gruppe, auch kein Einzelner in einer kurzen Zeit erlangen, – bei uns sind auch zehn Jahre sehr kurz – dass Einer sich soweit verändert, um mit dem Wahren Geistigen in Kontakt zu sein. Dazu braucht er keinen anderen Menschen, denn sonst fliessen die Worte, die Schwingungen aus einem anderen Bereich. Und er kann alles bewirken in seiner stillen Kammer, ohne dass die anderen Menschen seinen Namen wissen. Er braucht sein Tun nicht zur Schau zu stellen – aber er hat die ‹wahren› Energien, er hat das Wahre.

Viele die heilen, haben Energien, die ohnehin im Kosmos enthalten sind – den Magnetismus trägt jeder in sich – die daran glauben, können ihn übertragen; andere lachen darüber. Aber das ist noch nicht das wahre Verbundensein mit dem Geistigen! Es gibt viele Richtungen; die einen sprechen, ich habe, und ich tue, und ich habe so viel, ich kann niemanden mehr nehmen. Und dann gibt es wieder Menschen die schweigen, und es ist für sie nicht die Wichtigkeit an die Öffentlichkeit zu treten um sich zur Schau zu stellen.

Da ist leider noch etwas, dass der Mensch missachtet; bei all seinen Praktiken in dieser Richtung, verliert er die Standfestigkeit im inneren und im äusseren Leben. Er hängt einer Illusion, einer Zeitnot nach, einer Bedrängnis, ‹ich möchte für das Geistige wirken, ich möchte tun›. Und er glaubt wirklich, er tut da nur Gutes, aber er verbraucht sich, er verliert sich.

Das A und O auf dem Geistigen Weg ist – zu schweigen – niemandem etwas zu erklären, denn jeder Mensch hat sein eigenes Leben. Und keiner kann die Verantwortung übernehmen, einen Menschen beeinflusst zu haben, wenn er eine bestimmte Richtung gar nicht kennen lernen wollte. Wenn man wirklich für das Geistige arbeiten möchte, braucht man nicht die äusseren Worte. Dann bekommt man von uns die Hilfe für die Menschen, denen man helfen kann.

Und dann muss man dann eben wieder in sein stilles Kämmerlein, sich mit uns einstimmen, und dann kann es längere Zeit gehen oder auch kurz, dass wir uns von der Geistigen Welt aus mit dem Werkzeug verbinden können, um für Menschen, die in Not sind, oder auch nicht an uns glauben, Mittler zu sein. Dies aber vor allem in Liebe, dass euer ganzes Wesen nur Liebe ist – in jeder Situation – sei einer nun geknebelt oder in grosser Fröhlichkeit, dass seine Liebe nie schwankt, dass er in der Liebenden Einheit ist.

Und er dann das Werkzeug ist und dort die ganze Energie, die ganze Liebe zum Heilwerden weitergeben kann, ob dies nun gesundheitliche oder private Probleme sind, ob es gewisse Veränderungen sind. Aber man braucht den Menschen nicht bei sich. Denn unsere Schwingungen sind nicht begrenzt, sie gehen überall hin.

Und es ist für uns die Kostbarkeit wahre Werkzeuge zu finden, die wirklich mit Energien umgehen können, auch die Kraft und die Stärke in sich haben in einer grossen Demut sehr still zu gehen, sehr schweigend zu gehen. Denn sie wissen, nicht ihr Mensch ist wichtig, aber all die andern Menschen, denen sie Gutes tun können, ohne dass sie es wissen oder von ihnen wissen. Und wenn ein Mensch nun in der näheren Umgebung von einem weiss, ist es aber nie ein Thema, man tut Gutes und geht, man blickt nicht nach rechts und links, man blickt nicht zurück, man geht und hinterlässt Gutes. Und so bleibt auch das äussere Leben im Gleichgewicht.

Vor allem aber darf sein Inneres nie festgefahren sein, denn bei uns soll es fliessen. Wenn ein Mensch je eine Vorstellung glaubt zu haben, wie es im Geistigen funktioniert, dann hat er überhaupt nichts verstanden. Ein Mensch kann diese Dimension gar nicht erfassen, wenn er mit dem menschlichen Intellekt daran gehen möchte. Denn er muss sich gerade davor befreien: von seinen Gedanken, seinen äusseren Gefühlen, von den äusseren Wertungen und – einfach Sein – und mit dem grossen Sein in der Einigkeit leben. Und nicht zu denken: ‹nach diesem Schema geht es. Ich stehe auf dieser Ebene und dann geht es auf diese Ebene, und wenn ich noch dies tue, habe ich meine Erleuchtung.› Wir haben schon so oft gesagt, was weiss und was versteht der Mensch von Erleuchtung!

Erleuchtung ist nicht ein Wort, Erleuchtung ist nicht, dass einer ‹heilig› ist, Erleuchtung ist nicht besser sein als die anderen. Erleuchtung ist in sich das wahre Licht zu erkennen und zu erarbeiten. Und wer diese Arbeit anfängt, muss einen sehr schweren Weg durch sich gehen, in einer tiefen, sehr schmerzhaften Wahrheit, um all das zurückzulassen, was sein Menschsein heisst, was sein Name ist, um sich wirklich auf einer leichteren Stufe wieder zu finden.

Und da sind keine Jahre vorgeschrieben. Jemand hat es schneller und ein anderer geht seinen ganzen Lebensweg, und wieder andere erreichen es nie, weil sie immer wieder die Äusserlichkeit brauchen um etwas zu sein, um einen Namen zu haben, um eben auch das äussere Leben im ganzen Ausmass zu geniessen.

Wer den Geistigen Weg gehen möchte, braucht sehr vieles vom Äusseren nicht, denn er ist im Innern so erfüllt mit all dem, dass er weiss, die äusserliche Illusion ist das was einem abhält. Also begibt er sich nicht mehr in den Reigen des falschen Spieles hinein, sondern er lebt, weil er beide Leben, sein äusseres und inneres zusammenbringt und in einer tiefen, tiefen Glückseligkeit ist, aber auch Leid trägt in sich selbst, Schmerz trägt von andern, weil er so feinfühlend ist, dass er eben die wahre Offenheit, die wahre Verbindung hat.

Und bevor ein Mensch nicht sein Inneres und sein Äusseres im Einklang hat und immer wieder im Äusseren sucht, wird er immer Schwierigkeiten erhalten. Und da kann er von noch so Vielen Lösungen erhoffen, um zu glauben, man beschreibe ihm nun die Strasse die ihm alles erleichtert – dann ist er auf einem Irrweg. Denn auf diesem Weg muss er selbst die Kraft haben, um die Probleme zu lösen, die ihn umgeben. Er muss seine Einheit finden und das Tief-Geistige ganz anders anblicken.

Das Geistige braucht nicht die Helfer, die schnell im Äusseren wirken wollen und sich von andern beeinflussen lassen, ‹wir helfen, wir tun dies, und dies ist das wahre Heilbringen›, sondern die wirklich die Demut, die Geduld und das Tragen in sich haben, bis das Wahre auf sie zutritt, um wahre Werkzeuge zu sein.

Von all den andern wimmelt es auf der Erde. Aber wenn es schwer wird, werden sie, wie all die Menschen, die von diesem Wege nichts wissen wollen, daran zerbrechen. Denn sie leben in ihrer Scheinwelt – weit weg von der Realität. Und das Leben, wie auch diese Erde ist nicht die Scheinwelt, ist nicht das rosarote Licht, ist nicht die Wolke; das Lebensbuch ist ein hartes Buch.

Der Mensch hat alles so weit gebracht, dass sich dieses Lebensbuch nur noch durch ein sich Aufbäumen und durch eine riesige Veränderung regenerieren kann, und die Gnade erhält, sich irgendwann im grossen Ausmasse von all dem zu befreien, was zerstörerisch war, um dann wieder neu zu erblühen.

Und für diese schwere Zeit wird es Werkzeuge brauchen, die festen Fusses gehen, die eine tiefe Verbundenheit und Demut und Bescheidenheit in sich tragen, den anderen helfen zu tragen, Trost zu geben, Heil zu geben, und nicht mit irgendwelchen dubiosen Praktiken andere noch zu verblenden, wo es nach einer gewissen Zeit wieder nichts nützt, wo vielleicht nur die Euphorie ein kurzes Versprechen der Erleichterung gab – aber das Elend wieder, wenn das Wahre sie einholt, klar vor ihren Augen steht, und sie dann an nichts mehr glauben können und wirklich zerbrechen.

Der Mensch versteht den Geistigen Weg falsch, denn es werden falsche Heilsversprechen gemacht, falsche Praktiken versprochen. Es werden Sachen zusammengetragen, zusammengewoben und jeder verspricht wieder eine neue Weisheit entdeckt zu haben, ein neues Heilverfahren.

Und all das wird den Menschen nichts nützen, denn wenn das grosse Geld ausbleibt, man die Dinge nicht mehr kaufen kann, nützt einem das nichts. Auch all die Bücher, die immer wieder neue Praktiken anpreisen, neue Verbindungen zu dem Geistigen, zu den Engelwesen, zu irgendwelchen Wesen, wenn man dies uns jenes tut.

Wo und wie verliert sich der Mensch in all den dubiosen, fast niederträchtigen, falschen Worten, weil sie so lieblich, so versponnen, so bunt sind. Wie lange lässt der Mensch sich noch blenden? Wie lange braucht er, bis er das Wahre entdeckt?

Um das wahre Geistige zu finden, braucht er nur sich selbst. Er braucht sich zurückzuziehen und in sein Herz zu gehen und einfach zu sagen: ‹Ich nehme meine eigene Reise auf mich, und ich werde alles in mir säubern, bis ich mich so klar sehe, dass meine Gefühle klarer werden, mein Licht leuchtet, meine Strasse, meinen Weg zum Geistigen erhellt wird und meine Gefühle geläutert werden.›

‹Und wenn mein Herz ehrlich ist und voll von der wahren Liebe, spreche ich einfach die Worte, ‹‹euer Wille geschehe, ich wäre bereit ein Werkzeug zu sein, denn mein Herz ist voll Liebe. Ihr könnt bestimmen, ob ihr mich annehmt und zu welcher Zeit. Meine Liebe und meine Geduld trägt mich. Und ihr zeigt mir, ob es Tage, Monate, Jahre geht. Ich weiche nicht von dem Wege. Auch wenn es nur ein Tag in meinem Leben ist – und wenn es mein letzter ist, an dem ich etwas für euch tun kann – aber den Pfad des Lichtes verliere ich nicht.››

‹Denn mein Herz weiss, dahin gehöre ich, mein Suchen, meine Sehnsucht ruft mich. Meine Liebe und Geborgenheit ist da, weil ich darin leben kann, und ich aber die Reise des Lebens in einer Gnade erhalten habe, um wieder zu erkennen, dass all das was Fleisch, all das was Mensch ist, die Gnade hat, wieder zum Lichte zurückzukehren. Und ob ich nun ein Werkzeug für Euch sein darf, oder ich selbst einfach für mich den Lichtweg beschreiten durfte; aus meinem Herzen wird Euch ein ehrliches ‹Ja› entgegenströmen, ein ‹‹Ja, Vater-Mutter-Gott, Euer Wille geschehe!›› Und mehr brauchen wir nicht. Und dann kann das wahre Helfen aus diesem Herzen fliessen.

Wir brauchen weder Praktiken, noch brauchen wir all dies Zeug, wovon der Mensch immer spricht, wir brauchen auch keine Magie, das trifft nur bis in den Astralbereich. Es trifft zwar den Menschen im Äusseren, weil er dann vieles sieht und dadurch auch glaubt, Hilfe zu haben.

Unsere Hilfe, für den Menschen, der mit uns gehen möchte, lässt länger auf sich warten. Aber er ist dann mit dem Wahren verbunden, und er wird, wenn er seine Hülle verlässt, dann nicht sehen müssen, dass seine Magie und all das, was er sich im Äusseren erwarb und alles was heilversprechend war, in seiner Kammer zurückbleibt, und er sich mit all dem nur belastet hat und sich auf eine falsche Wegstrecke hat leiten lassen.

Ein Mensch, wenn er wirklich weitergegangen ist, weiss wo er helfen darf. Was wir von unserer Seite dem Menschen bestätigen können, sind die Energien der Steine, der Töne und der Farben, was einem Menschen für gewisse Sachen Erleichterung bringt, Heilung bringt. Aber Heilung braucht manchmal lange.

Aber vor allem braucht es wärmende Herzen, wärmende Hände, Geduld für den Menschen, Liebe und eine unendliche Fröhlichkeit, ein glasklares, warmes Lachen. Fröhlichkeit und Lachen ist unser Weg. Es kann viel, viel Erleichterung bringen für Menschen die traurig sind, wenn sie ein wärmendes Herz spüren, ein Herz das Geduld hat und warten kann, bis die Menschen die krank oder voll Trauer und voll Leid sind, lachen können. Und dann kann man aus seinem Kämmerlein den Menschen Schritt für Schritt helfen, dass sie erkennen, und dass ihr Problem oder ihre Krankheit gelöst wird – wenn es sein darf.

Denn nicht alle Menschen sollen geheilt werden. Für einige heisst es auch: werde krank und erkenne. Wenn er dann nicht erkennt, wird er einfach zurückkehren, ohne dass er die Chance der Krankheit, das Schwere, das Loslassen, die Veränderung in seinem Leben erkannt hat und daraus etwas gemacht hat. Und einige werden an ihrer Krankheit sterben müssen, denn es ist für die Seele wichtig, dass auch ein Körper wieder zur Ruhe gelegt wird. Und vielleicht erkennt er dann, in der letzten Stunde seines Seins, den Sinn seiner Reise, und dass er dort noch ändern kann.

Es ist ein Unsinn zu glauben, jeder Mensch müsste gesund und heil sein, ohne Leid, ohne Schmerz, ohne Kümmernis, denn all dies birgt die grosse Gnade des Umfühlens, des Umdenkens in sich. Aber der Mensch tut sich ja meist so sehr leid und fällt in ein Jammertal. Aber dies ist, weil er sein wahres Leben, sein Inneres verloren hat und nur gerade den äusseren Menschen lebt, und glaubt von allen die gesund sind, die genug besitzen oder genug Geld haben, dass sie glücklich und von Gott geliebt seien.

Dies ist die Verblendung des Menschen, denn das Schwere zu tragen, ist die grösste Gnade, die ihm widerfahren kann. Dieser Gnade wird man sich dann bewusst, wenn man lernt, damit positiv umzugehen, nicht daran zerbricht und man sagen kann: ich trage mein Schicksal und ich kann trotzdem soviel Gutes tun.

Die Gnade des Herrn und des Lichtes über euch!

Sucht die Ehrlichkeit, sucht das Lachen des Lichtes, die Geborgenheit und die Wärme, kehrt in das Herz zurück um zu hören, zu sehen, zu fühlen, zu leben.

Und sucht nicht immer in falschen Zeitbegriffen, bedrängt euch nicht mit eurer Zeit, denn dann verbraucht ihr eure Energie und lebt falsch!

Die wirklich in sich suchen und auch die Gnade hätten den Weg zu gehen, – bedrängt euch nicht mit eurer Zeit, denn die Zeit bemessen wir anders. Die Zeit des Erlernens und der Ehrlichkeit, die ist für uns wichtig, dann könnt ihr etwas bewirken.

Wir brauchen nicht Menschen die glauben, einen Weg sogleich gehen zu müssen, aber nur in der Äusserlichkeit arbeiten – das ist nicht der Weg.

Öffnet die Herzen, denn wer in sich selbst heil wird, kann das Heil in seiner nächsten Umgebung bringen. Und wenn da kein Leid mehr eintreten kann, hat man schon viel getan. Von dort aus werden die Schwingungen dann weitergehen und so kann es langsam überall heil werden. Der Mensch versteht Hilfe immer falsch.

Erlebnisse auf dem Geistigen Weg 9.11.01

Wenn der Körper in irgend einer Form auf das Geistige reagiert, so ist dies immer vorübergehend, man wird wohl kaum gut beraten sein durch Aussenstehende? Man bekommt ja auch vom Geistigen her die nötigen Kräfte verliehen.

Beim geistigen Vorwärtsschreiten ist es vernünftig seine Erlebnisse andern nicht mitzuteilen, da sie nicht richtig verstanden und höchstens noch gegen einem verwendet werden. Andere können nicht begreifen, dass ausgerechnet dieser einfache Mensch solche Erlebnisse haben soll. Die Gefahr besteht, als nicht mehr normal eingestuft zu werden und man wird einem raten, sich psychiatrisch behandeln zu lassen.

Es ist besser einmal mehr zu schweigen und die Freude still in sich zu tragen. Man soll nie andern Menschen zuviel anvertrauen. Auch wenn man glaubt, die andern gehen doch die gleiche Strecke, sie sollten einem doch verstehen – wie schwer man sich da täuschen kann.

Andern etwas glauben – dies ist so eine Sache. Jeder sollte zuerst sich selbst glauben; und an sein Herz, und an seinen wachen Verstand! Den braucht ihr ja für den äusseren Bereich. Auch Worte die man euch in Beratungen formuliert, muss man, obwohl sie in bester Absicht gegeben werden, immer auch in sich selbst abwägen.

Reagiert das Innere bereits mit Abwehr, weiss man ja, dass man sich auf diese Gefühle verlassen kann und wirklich nur nach seinem Inneren gehen könnte. Für geistige Phänomene kann meist auch ein Psychologe oder Psychiater schlecht Auskunft geben, da er diese Dimension nicht kennt, nicht selbst an sich erfahren hat.

Ratschläge aus dem Geistigen, soll man ebenfalls in sich abwägen. Sicher gefällt einem auch da nicht alles. Wir haben nun in all unseren Vorträgen oft Dinge formuliert, die manchmal hart tönen. Aber wenn man tief ehrlich zu sich ist, und sich sagen kann, dass man irgend etwas besser anschauen sollte, oder dort lernen könnte umzudenken, hier klüger zu handeln, dies könnte auch mein Schwachpunkt sein – dann kann man auch solche Worte annehmen.

Aber auch da gilt, dass man diese Ratschläge für sich so annehmen soll, dass sie für einem selbst stimmen, denn jeder geht seinen eigenen Weg und er ganz alleine wird einmal seine Leben überblicken müssen.

Von unserer Seite, möchten wir nicht belehren, und auch sie möchte niemanden belehren, auch wenn es so verstanden werden sollte. Es sind immer nur Denkanstösse, die euch aus einer anderen Ebene, aus einer anderen Perspektive formuliert werden. Was ihr damit tut oder wie ihr sie annehmt, überlassen wir einem jeden von euch. Aber dies heisst nicht, dass man sie annehmen muss.

Darf ich dich noch fragen, wie es mit Betäubungsmitteln und Alkohol bestellt ist, in Zusammenhang mit dem geistigen Tiefergehen?

Schau, dies mit den Drogen, dies ist wieder so eine Sache. Der eine braucht etwas, wie er sagt, dass er sich entspannt, dass er dadurch in eine andere Dimension kommt. Und wenn es auch nur wenig ist, auch wenn es nur Flüssiges ist; für das Geistige braucht es dies nicht. Wenn man wirklich in das tief Geistige geht, sollte dies alles nicht sein! Denn dies bringt euch nur bis in das Astrale und es kann euch verfälschen. Also, es kann euch jemand aus dem Astralbereich etwas vorgaukeln und ihr könnt in einem solchen Moment nicht unterscheiden, redet er nur schön, steckt jemand anders dahinter? Es ist nie gut, irgend etwas, was die Sinne verändert, einzunehmen, wenn man mit uns in Verbindung ist. Und schon gar nicht bei der Meditation.

Es ist besser, sanfte Musik zu hören, wenn man es nicht schafft, ohne etwas zu sein. Man kann in sich ein Selbsttraining üben, ruhig zu werden, zu entspannen – ohne jegliches Hilfsmittel.

Man könnte ja auch Kerzenlicht und Räucherstäbchen benutzen?

Ja, man kann Düfte nehmen, die entspannen – aber einnehmen sollte man nichts. Auch wenn man sich an ein gewisses Quantum hält; irgendwann wird es mehr. Und man kann meist selbst nicht beurteilen, ob es nun nicht doch schon zuviel ist, um abhängig zu werden. Und eben – auf dem wahren Geistigen Pfad geht dies nicht. Da sollten keine berauschenden Mittel eingenommen werden. Denn die grösste Gefahr besteht darin, dass euch dadurch jemand benutzen kann und euch Unwahrheiten vorspielt, ihr es glaubt und danach handelt. Und vielleicht kann es mit euch geschehen, dass man euch übel mitspielt. Oder ihr gebt andern Ratschläge, die dann sehr zweifelhaft sind. Achtet darauf, dass ihr solche Mittel nicht braucht.

Das Wichtigste ist, ganz sich selbst zu sein und auch dann, wenn man nicht immer die tiefe Ruhe findet, in der Meditation zu bleiben, nicht damit aufzuhören, sehr diszipliniert zu sein. Und dann wird es irgendwann einmal gehen!

Auch da soll man sich zu nichts zwingen und sich nicht unter Druck setzen, es so annehmen, wie es geschieht. Und sich von überhaupt nichts ablenken lassen, sei es nun der Körper, seien es Gedanken, sei es ein Geräusch, einfach in sich ruhen. Und immer wieder das anzustreben, einfach zu ruhen, nur zu sein, in der tiefen Verbundenheit mit Gott oder mit dem Lichte; sonst ist gar nichts mehr um euch, kein Haus, niemand mehr, fühlt euch einfach nur tief verbunden – dies wird euch helfen. Einfach nur sein – nichts bewusst wollen –, einfach nur sein. Denkt immer an die ganz kleinen Kinder, die vielleicht eine Woche alt sind, zwei drei Wochen, sie sind einfach. Sie denken nichts, sie fühlen nur Hunger und wenn der wieder gestillt ist, sind sie einfach. Sie können nicht sagen, ich bin Mensch, sie können nicht sagen, ich höre diese Musik oder höre jenes, sie sind einfach. Seid einfach wieder so frei und unbelastet und denkt nicht: ich bin ein Mensch, ich bin in einer Wohnung, mein Nachbar ist jener oder dieser, einfach nur sein mit dem tiefen Geistigen.

Du sprachst einmal davon, das Feinstoffliche ertragen zu lernen, höhere Schwingungen durchzulassen, durchlässiger zu werden um uns Geistwesen zu fühlen. Dies geschieht ja unbewusst, dies soll man nicht provozieren, also kann man es nicht steuern. Es will demnach heissen, dass man sich nicht gegen Veränderungen sperrt, sich zurückreisst um wieder im hier und jetzt zu sein.

Richtig, du kannst nur geschehen lassen, indem du eben das Sein suchst, einfach sein, verweilen in dem Nichts – im nichts tun, im nichts sein, in keinem Namen verhaftet sein, in keinem Körper, in keiner Umgebung, in keiner Erwartung, in keinem Wissen von dem Menschen oder von dem Geistigen, einfach nur ruhen.

Nichtwahr, auch wenn die ganze Motivation, sich mit dem Geistigen zu vereinen, nur dafür aufgebracht wird, um anderen helfen zu können, so bringt es nichts, wenn man die Hilfe nicht richtig einzusetzen weiss?

Ja, schau, wichtig ist, dass jeder Mensch sich zuerst selbst hilft, dass er sich so verhält, dass er glücklich ist. Durch dieses Glücklichsein helft ihr ja den Andern, denn das strahlt aus euch heraus, es verändert, wenn auch am Anfang nur das kleinste Umfeld – mehr braucht es gar nicht – und wenn dies für eine lange Zeit so anhält, kann es wachsen. Dann kommen die wahren Hilfesuchenden auf euch zu. Dann fliesst auch die richtige Hilfe aus euch. Aber es gilt zuerst sich und seinem Umfeld im Kleinen zu helfen, dass dieser kleine Bereich, diese kleine Welt, heil bleibt und keine Schwankung mehr hineinkommt – dies braucht seinen Lernprozess.

Wenn du von Umfeld sprichst, ertappe ich mich auch schon wieder, mir sofort Gedanken von Harmonie, schönen Farben, schönen Blumen und Musik hinzugeben; dies ist wohl nicht gemeint mit der positiven Ausstrahlung?

Gar nichts, weder der Raum, noch was drin steht, noch die Musik, noch die Menschen, noch der Alltag, noch die Geschehnisse, noch der Krieg, noch die Freude, noch das Fröhlichsein, noch das Leid, das Lachen, die Tränen – gar nichts! Dann kann das wachsen, wovon wir immer sprechen:

Geht den Weg der Mitte, bleibt in eurer Mitte, dass die Waage im Gleichgewicht bleibt. Denn sonst verliert ihr immer wieder zuviel Energien für eine Illusion und ihr bleibt dann nie in eurer Mitte, ihr verliert die ganze Wegstrecke immer wieder Energien und Energien. Und am Schluss habt ihr niemals das erreicht, wo ihr hin gekonnt hättet und ihr selbst werdet traurig darüber sein.

Also, kein am Boden zerstört sein, wenn sich grosse Umwälzungen ereignen?

Es geschieht immer mehr auf dieser Welt, auch wenn es wieder Ruhephasen gibt. Aber es bringt nichts, darüber Worte zu verlieren, es bringt nichts, sich zu ängstigen. Diese Angst um den Körper, dass man selbst nicht am Leben bleiben könnte, dass man Schwierigkeiten bekommt – all dies zeigt uns ja, dass da kein Vertrauen an Gott und an die Geistige Welt vorhanden ist.

Es zeugt von Schwäche und nicht von Stärke. Stärke würde bedeuten, ‹ich begebe mich in das Leid wie all die andern und bleibe in dem Leid ganz vernünftig und ruhig und schaue was ich dort tun kann, wie ich andern helfen kann›. Und nicht, ‹ich schaue mir und meiner Familie um Überleben zu können, wir sind die Wichtigsten›.

Der Mensch muss lernen, zuerst das Licht immer in der gleichen Flamme zu halten. Es darf nicht zu gross werden, dies kann ihm schaden, es kann auch gesundheitliche Probleme geben und dann beinahe wieder zu erlöschen. Dies sind auch Höhen und Tiefen, die nicht sein dürfen.

Mit – in der Mitte – meinst du vor allem auch das Geistige?

Alles!

Also, keine Euphorie?

Nein, dies ist schon wieder nicht gut. Freud und Leid ist alles gleich. Es ist nie etwas auch nur um ein Gramm höher oder tiefer – dies gibt es gar nicht. Es ist alles Illusion, es ist immer alles gleich, es ruht. Und wenn man dieses Ruhen hat, wird man sein Umfeld vergrössern in der Hilfe. Und man braucht nicht Ausschau zu halten: ich möchte etwas helfen und ich tue und jetzt tue ich nichts; irgend etwas drängt mich dazu. Vielleicht ist das Drängen auch ein Rufen an die eigene Person, ‹gibt mir zuerst die Kraft!›

Dann hilft man wirklich, es ist keine äussere Hilfe? Dann strahlt man die Hilfe aus!

Denn die von euch Hilfe brauchen, die werden dann kommen – und dies sind dann die richtigen Menschen. Und nicht die alles zerreden; jeder weiss es besser, jeder ist der Beste.

Da ist man ohnehin nur solange gut, wie man sich um jemanden kümmert. Hilft man nicht mehr im Äussern, sondern nur noch im Stillen, wird man missverstanden und ausgegrenzt, weil diese Art von Hilfe nicht verstanden wird.

Lernt zuerst das Wort ‹helfen› richtig zu verstehen. Ihr sucht das Helfen immer im Äusseren. Ihr müsst niemandem beweisen, dass ihr den Kontakt zum Geistigen habt, dass ihr Kräfte habt die helfen können. Solange ihr dieses Gefühl noch habt, steht ihr zusehr in eurem Selbst und in dem äusseren Schein.

Denn – alles – ist – das Leben – das von Gott kommt. Das Leben tut, es sondert sich nicht ab, ‹ich habe eine besondere Gabe›, sondern es lebt, es gibt. Blickt nicht nach hinten, schaut nach vorn, geht weiter und helft und helft und geht weiter. Und all das was hinter einem geschieht und neben einem ist unwichtig, wenn man Gutes tat. Und wie wir auch schon sagten, es braucht keine Name, es braucht nichts. Es braucht ein Herz das strahlt und gibt. Und aus diesem entspringen die Gefühle der Liebe und das Fliessen zu uns.

Erst dann kann ein Mensch die wahre Liebe und das wahre Licht erhalten, denn dann fliesst er auf unserer Ebene, dann weiss er was Liebe ist.

Bis das letzte Restchen der Eigenpersönlichkeit weg ist, braucht es einiges.

Es ist schwer, wir verstehen dies, es ist menschlich. Und manchmal ist es auch so, dass man sie in gewissen Momenten braucht, weil man dann so viel getreten wird, dass man auch manchmal einem Selbstzweifel verfällt. Dann tut einem auch einmal eine kleine Anerkennung gut, wenn man dann hört, dies war gut, dies tat mir gut – oder ähnliches. Aber man sollte es auch im selben Moment wieder loslassen können.

Hast du sonst noch eine Frage?

Nein, ich werde nun dies Buch beenden und mir dann selbst wieder mehr Zeit gönnen.

Diese brauchst du dringend. Schau, nun kommt ja bei euch die Winterzeit, da man sowieso ruhen sollte. So ihr könnt, schlaft mehr, setzt euch öfter zur Ruhe, zündet vermehrt Kerzen an, hört euch schöne Musik an, meditiert, betet – nehmt euch nun Zeit für diese Dinge. Dies ist nun wirklich die Jahreszeit in der man Einkehr halten sollte bei sich.

Eine gute Zeit, eine lichtvolle Zeit, eine beglückende Zeit, eine fröhliche Zeit eine ‹naschende› Zeit; seid dankbar dafür, dass ihr solches noch habt! Gott behüte euch!

Führe uns nicht in Versuchung 20.7.90

Darf ich dich etwas über das Unser-Vater fragen? Da ist einmal das ‹Führe uns nicht in Versuchung…›, sowie, ‹Vergib uns unsere Schuld, wie auch wir vergeben…›, beides stimmt für mich nicht ganz mit der absoluten Gottesliebe überein?

Dies ist wirklich falsch formuliert. Gott führt euch nicht in Versuchung, – ihr führt euch selbst in Versuchung. Selbst ein anderer Mensch vermag nicht alleine, ohne eure Bereitschaft, euch in Versuchung zu führen. Er kann euch auf etwas aufmerksam machen das bereits in euch lag und längst innigster Wunsch war – ob gut oder böse.

Und Sünden vergeben, – wenn ihr euch selbst alles vergibt und auch wirklich alles loslassen könnt, dann habt ihr euch vergeben und es ist vergeben, und wenn ihr stirbt und zu uns kommt, ist das getilgt! Doch es muss aus wirklich tiefem und ehrlichem Herzen geschehen, und es darf nicht wiederholt werden, nicht dass man es wieder und wieder tut.

Auch euren Mitmenschen könnt ihr soweit vergeben, dass ihr ihnen nichts nachträgt, so dass ihr ihnen, anstatt böse Worte – Liebe gebt. Auch Verstorbenen kann man nachträglich tief verzeihen, auch für einem selbst kann man eine Seele, die bereits hinüber gegangen ist, noch um Verzeihung bitten, denn sie ist ja nicht tot und sie versteht nun vieles besser.

Und Schuld vergeben – wir haben dir schon einmal gesagt, wir sehen Fehler anders an. Nicht wir vergeben euch, vergeben müsst ihr euch selbst. Wir legen alles was in eurem Leben gut war, auf eine Waage und dies was nicht so gut war, auf die andere Seite. Wir versuchen immer das Gute aufzuwerten.

Gott vergibt, aber fertig werden müsst ihr selbst damit. Wenn ihr euch etwas selbst nicht vergeben könnt, kommt irgendwann dann für jedes Wesen der Wunsch, wieder zu inkarnieren und dies zu bereinigen. Ihr müsst und wollt auch, durch alles selbst hindurch, indem ihr diese Erfahrung selbst durchmacht, um zu lernen.

Am Ende habt ihr alles selbst gelernt, abgelegt und euch vergeben! Dies wiederholt sich so oft bis die Seele rein ist, glücklich ist, frei ist und zuhause bleiben will und kann, zur Ruhe gekommen ist und ihrerseits dann andern Wesen wird weiterhelfen können.

Eure Seele wird euch beim Nachhausekommen, die unverfälschten, die wahren Gefühle aufzeigen, die ihr andern, aber auch euch zugemutet habt, solange ihr im Körper weiltet.

Je früher ihr aber in eurem Leben zu eurer Seele Zugang findet und sie sprechen hört, je weniger lädt ihr euch auf, weil man dann die Gefühle bekommt, die einem vernünftiger, verstehender, liebender handeln lassen, mit seinem Umfeld, mit den andern Menschen.

Die einem aber auch die Wahrheit in sich, mit seinem eigenen Menschen besser ertragen lässt. Es ist sicher kein leichter Weg, dahin zu gelangen, seine Seele, die Herzenssprache in sich selbst wieder zu hören, sein Inneres wieder zu finden.

Und das kann ein Mensch nur ganz alleine in sich, da kann einem niemand helfen, denn nur ein Mensch in sich, kann sich durchwandern. Er ist sein eigener Wanderer. Er beginnt die Reise zu seiner Seele, um sie weiterzuformen. Um eben dann, wenn ihr heimkehrt wieder nachhause zu tragen, um einiges in der Form des Erlernten, des Abgetragenen, des Abbauens von Leidvollem, von Schönem, wie von Unschönem mit hinüberzunehmen oder durch eure Erkenntnis ablegen zu können und zu sehen, was eure Seele dann noch will und braucht oder gar nicht mehr braucht.

Aber seine Seele wieder zu finden, heisst zuerst sich selbst zu finden, sich richtig kennen zu lernen. Sich in tiefer Ehrlichkeit zu verstehen, ohne Illusionen, ohne falsche Spiegelbilder, sich ganz klar und rein anzusehen. Und das braucht eine geraume Zeit und oft auch Tränen. Sie reinigen und sie formen. Dann hat man die Liebe und das Lachen und alle Freiheit dieser Welt gewonnen.

Sich durchwandern ist nicht immer leicht. Denn der Mensch macht sich viele falsche Bilder über sich selbst, wie in einem Film. Er dreht und dreht und er glaubt seine Bilder stimmen so, weil er sich so sehen möchte. Weil er wieder nur nach seinen Gefühlen geht, die ihn leicht betrügen können, denn solange er nicht tiefer gegangen ist, hat er ja nur diese Gefühle, er hat ja nur sich selbst und so möchte er sein und so wird er.

Um tiefer hinabzugehen, ohne etwas zu verdrängen braucht es Mut.

Es ist eine grosse Kostbarkeit, sich selbst wieder zu finden. Sich die ganze Liebe, eine sehr wärmende Liebe, eine lachende Liebe zu schenken.

Um dann neu in die Welt hinauszugehen. Die Welt neu zu erkennen, zu erblicken, zu erfahren.

Seine Tiefe wirklich zu formen, denn die Wahrheit und die Liebe möchte getragen werden, sie wird sich in kleinen Schritten formen. Sich selbst verstehen lernen, dies ist das Wichtigste, sich zu wärmen, sich Geborgenheit zu geben. Sich zurückzunehmen und sich Freiheit zu geben, um den Weg zu beschreiten um die Tiefe zu spüren. Zu spüren, wie sie erblüht und in dem Erblühen dann zu verstehen, wie der Weg weitergeht.

Aber der Mensch muss zuerst sein äusseres Leben in geordnete Bahnen bringen, um stille werden zu können. Bevor nicht eine äussere Harmonie in allen Belangen, eine Geborgenheit um einem ist, wird es kaum möglich sein, tiefer zu gehen. Ihr müsst lernen, wirklich euren Mittelweg zu finden. Und dies kann jeder Mensch nur in sich selbst. Und dies ist wirklich nicht leicht, wir wissen dies.

Aber wir helfen jedem Menschen und wir stehen bei euch. Geht den Weg durch euch in einer Liebe und dann ist Liebe euer Schutzschild und ihr werdet erfüllen.

Buddha, Christus, Mohammed – Göttliche Propheten   12.1.90

Wie sind diese Worte gemeint, ‹Ich bin der Weg, die Wahrheit und das Leben; niemand kommt zum Vater, denn durch mich›?

Jesus Christus ist – wie ihr ihn nennt – Gottes Sohn. Es ist eine grosse Herrlichkeit, eine Kostbarkeit und etwas unendlich Schönes, wenn man sein Licht zu sehen vermag, wenn man seine Liebe zu spüren vermag.

Und trotzdem würde Jesus Christus niemals die Überheblichkeit haben zu sagen: ‹Nur über mich findet ihr den Weg zu meinem Vater.›

Geht zu Gott, betet zu Gott. Jesus ist für euch da, ob ihr nun Ihn oder Gott anruft, wenn es aus ganzem Herzen und in Liebe geschieht, so ist Jesus voll von Liebe und Glückseligkeit. Und wer zu seinem Vater spricht, der spricht zu Ihm, und wer zu Ihm spricht, der spricht zu Gott. Sie sind beide Eins, sie sind Vereinigte-unendliche-Liebe.

Ob ihr nun für Jesus Christus in euren Herzen Platz habt oder für Buddha, oder für Mohammed, es sind alles Göttliche Propheten.

Der Mensch verurteilt die Andersgläubigen, die nicht an Jesus Christus und an Gott glauben; woher nimmt er sich dieses Recht heraus, was versteht er unter Glauben?

Wenn ein Glaube nur im Bestrafen und im Bedrohen gelebt wird, ist es kein Glaube. Es ist leicht alles so auszulegen, wie man es gerne hätte; aber dies ist sehr gefährlich und führt ins Ungute! Es sind auf allen Seiten die verblendeten Fanatiker, die sehr viel Unheil anrichten und meinen, alles im Worte Gottes und im Glauben zu predigen. Sie tragen die Bibel ganz weit vor sich her, dies ist gefährlich. Solche Menschen lassen sich nicht belehren, sie sind festgefahren und sie weichen keinen Zoll von ihrem Wege ab. Sie bleiben auf ihrer Rechthaberei stehen und werden sehr lange dort stehen müssen, denn sie führen meistens auch noch andere Menschen ins Unglück.

Begegnet solchen Menschen mit Liebe, aber sie werden keine Liebe erwidern können, sie sind nicht fähig Liebe zu erzeugen, denn sie wollen andere mit Bibelworten belehren, haben aber selbst kein Gefühl für diese

Worte. Sie fühlen nicht ein einziges Wort, denn in ihnen schwingt in jedem Wort gleich mit, Gott straft und verurteilt, ‹wenn ihr dies nicht tut und nicht so lebt – ich habe es euch gesagt, was aus meinem Munde kommt, ist aus der Bibel›, da findet ihr keine Liebe.

Glauben bedeutet ‹Ewige Liebe› in jeder Situation, für jedes Menschenkind; da gibt es keinen Unterschied! Wenn der Mensch dies doch begriffen hätte und gelernt hätte, wäre auf dieser Erde wirklich das Paradies und es gäbe weder Krankheit, noch Leid, noch Tod.

Jesus Christus wird, wenn ihr – in welcher Religion auch immer, oder in gar keiner Religion den tiefen Weg geht – mit euch gehen.

Dies gilt für jede Seele, wenn sie vor der Vollendung steht. Wenn die Seele wirklich vollenden will. Und nicht wie so manche, kaum sind sie im Besitze geistiger Fähigkeiten wie Heilen, Sehend und Hörend werden, glauben ihre Erfüllung gefunden zu haben und nicht mehr weiter gehen. Dann bleiben sie stehen, auch wenn dies im Guten geschieht und auch seine Berechtigung hat. Sie bleiben an diesem Punkte stehen in ihrer geistigen Entwicklung und werden wieder inkarnieren, um genau dort weiterzulernen. Sie haben dann oft keine Kraft mehr, um weiter zu schreiten und noch tiefer zu gehen in diesem Leben, oder wollen dann auch nicht mehr.

Aber diejenigen, die ihren Weg ganz erfüllen wollen, die zuerst wohl für andere Menschen da sind, dann aber tief in ihrem Innern doch die Sehnsucht haben weiter zu gehen, in die wahre Liebe Gottes, sie werden eine lange Strecke mit Jesus Christus gehen, denn er wird ihr Meister sein.

Aber dies geschieht auf der Geistigen Ebene, dies hat nicht mit der äusseren Form der Religion zu tun. Er wird ihnen das Wissen und die tiefe Liebe noch mehr öffnen. Aber dies heisst nicht, dass man Jesus Christus in falschen Worten suchen soll, in falschen Worten verherrlichen soll. Denn dies sind oberflächliche Worte, oder Worte nur gerade des Verstandes. Wer Jesus nicht fühlt, seinen Schmerz nicht fühlt, wer seine Liebe und sein Licht nicht kennt, kann dies nicht nachempfinden.

Aber all jene Menschen, die die wahre Sehnsucht immer näher zu Gott hin treibt, wird er annehmen. Wenn ihr die wahre Sehnsucht in euch nach Gott verspürt, geht zu Gott. Lasst euch nicht durch all die vielen Worte beirren. Geht nach eurem Innern, stillt euch diese Sehnsucht und ihr werdet in euch weitere Anweisungen bekommen, die euch diesen Weg finden lassen.

Andere Menschen können euch euren Weg nicht abnehmen, sie können nicht euren Weg für euch gehen, sie können euch auch nicht fühlen. Andere können euch Ratschläge erteilen, aber handelt nie kopflos darnach. Fühlt immer in eurem Innern, prüft in eurem Innern, ob etwas stimmt für euch, denn dort hört ihr die Lösung. Handelt durch euch und in euch.

Gott ist in jedem von euch; auch in denen die Ihn beschimpfen, die Ihn ablehnen. Gott ist überall, Gott ist Liebe, Gott ist ein zärtliches Lächeln.

Wer wirklich Gott in sich sucht, braucht keine äusseren Worte. Geht in euer Herz und lernt dort die wahre Liebe in euch zu fühlen und stillt euch selbst die Sehnsucht, die in euch ist und euer Verlangen. Die wirkliche Sehnsucht, ist die Sehnsucht in euch, ist die Sehnsucht nach Gott. Er öffnet euch die Türe des Wissens. Geht nicht nach dem Äusseren.

Was nützt es euch nach all den Bibelworten zu gehen? Wenn man nur zum äusseren Schein geht, bringt euch auch die Kirche nicht weiter. Wenn man Gott nur mit leeren Worten anspricht, um andern zu beweisen, wie gläubig man ist.

Der grösste Teil der Menschheit – und dies ist sehr traurig – kann Gott gar nicht mehr fühlen. Alle sind so mit sich und mit dem Materiellen und dem Äusseren beschäftigt. An Gott erinnern sie sich, wenn es ihnen schlecht geht. Dann sollte Er da sein und ihnen helfen. Dann brauchen sie Ihn auf einmal. Auch wenn Unheil geschieht, wird sofort Gott hinterfragt und angezweifelt. Die Menschen können dann gar nicht verstehen, wieso Gott dies zulässt.

Dass aber bei allen Auswirkungen die auf eurer Erde geschehen, ob Naturkatastrophen, ob Hunger ob Kriege; der einzige Verursacher immer der Mensch selbst ist, diese Wahrheit will niemand hören. Man redet sich lieber ein, dass dies alles von Gott kommen müsse.

Wenn ihr euch nach Gott sehnt, dann seid ihr auch schon bei Gott. Wenn ihr in eurem Innern betet, und es spielt keine Rolle, welche Worte ihr zu einem Gebet braucht, seid ihr auch bei Gott. Wenn ihr traurig seid, oder auch wenn ihr hadert und Ihn voll Verzweiflung anruft, ist Er in euch. Nur – ihr müsst wirklich diese tiefe Sehnsucht in euch vervollständigen, um Ihn auch zu spüren.

Er ist ewig bei euch, nur – ihr habt euch von Ihm entfernt und die Suche zurück zu Ihm, scheint vielen Menschen so schwer zu fallen. Gott ist in jedem Menschen, die Liebe und das Licht ist in euch. Jede Seele zieht es irgendwann dorthin zurück. Dies könnt nur ihr alleine in euch selbst verwirklichen, mit eurer Sehnsucht, mit eurer Liebe – und ihr werdet Gott finden.

Buddhisten und Christen im Vergleich 30.3.90

Buddhisten bemühen sich, gleich ihrem Vorbild Buddha, dem Erleuchteten, womöglich im gegenwärtigen Leben, eben diese Erleuchtung zu erlangen, um aus dem Rad der Wiedergeburten befreit zu werden, oder zumindest für ein folgendes Leben einen grossen, geistigen Fortschritt zu erzielen. Christen dagegen, die nichts von Wiedergeburt wissen, glauben, Jesus Christus sei den Kreuztod gestorben, damit alle, die an ihn glauben, nicht verloren sind, sondern das Ewige Leben haben werden.

Dies ist nun einmal so, in der Westlichen Welt wird von Wiedergeburt sehr wenig erzählt, und die Menschen sind im ungewissen und im unklaren. Und es ist schade, dass viele glauben, wenn sie sterben, dass dann nichts mehr ist. Und die vielleicht doch noch glauben, es gibt noch etwas nach dem Tode, sind von Ängsten geplagt, dass Gott sie strafen würde. Wiederum andere, die manche Untaten begehen, sagen, da ist doch noch jemand, der büsst sie für mich.

Es ist nun einmal wunderschön, dass in der Östlichen Lehre – nicht alle Menschen – aber ein sehr grosser Teil, von klein an versucht, wirklich in ihrem Leben schon die Erleuchtung zu erlangen, denn sie leben ja auch ein viel härteres Leben als ihr! Dadurch können sie auch tiefer in den Glauben eindringen.

Und schau, für einen Tibeter oder Hindu ist es nun wirklich das einzig Wahre, diese Hülle abzulegen und in Freuden ins Nirwana einzugehen, um auch dort zu bleiben. Darum ist es wunderschön, wenn wir sehen, wie viele auch in der heutigen Zeit noch in ihrem tiefen Glauben und in ihrem Bestreben zu Buddha und wie du weisst, zu einem einzigen Gott zu gelangen.

Und dies mangelt in eurer Kirche – es liegt auch an eurem Wohlstand – aber unbewusst. Es hat nun einfach einmal mit eurer Lehre zu tun und dies ist schade. Darum hat ja eure Kirche auch die grossen Schwierigkeiten. Wieviel Menschen fühlen sich bei euch verloren und sind einsam; sie finden keine Liebe und keinen Halt in der Kirche.

Dabei sollte gerade die Kirche der Ort sein, der jedem einsamen Menschen, jedem hilfesuchenden Menschen die wirkliche und wahre Liebe gibt. Aber nicht als eine Bürokratie, die nach Schalterstunden geöffnet und geschlossen wird –, dies ist nicht der Sinn der wahren Seelsorge. Ein wahrer Seelsorger ist, wer wirklich Zeit für hilfesuchende Menschen hat, mit offenen Ohren, und wer auch Liebe gibt. Darin sollte die westliche Kirche – und muss sie – umdenken.

Ein Mantra einundzwanzigmal am Tag gefühlvoll beten, geschweige denn hunderttausendmal, – da bewundere ich diese Menschen schon sehr.

Die Schwingungen ihrer laut gesprochenen Mantras gehen sehr tief in die Geistige Welt und haben dort sehr starke Auslöser.

Und die Bitten – es ist wunderschön, wenn Menschen bitten – und wenn es wirklich den lieben langen Tag immer dasselbe ist, oder monatelang. Diese Menschen glauben tief und sie bitten, weil sie eine grosse Ehrfurcht vor Buddha haben. Sicher können dies nicht alle Menschen – der grösste Teil nicht – dies braucht unendlich viel Zeit. Dies können Klöster tun oder ältere Menschen; aber auch Hirten auf der Weide oder in Nomadenzelten tun dies.

Jeder Buddhist strebt dies an, dass er es ein- oder mehrere Male tut. Dies ist aber nicht nur bitten, sondern es ist eine Ergebenheit und Demut, Buddha gegenüber und eine grosse Ehrfurcht. Sie wollen zeigen, dass sie unermüdlich sind im Bitten, nicht weil sie vielleicht um Schutz oder um einen Jak oder sonstiges beten, sondern sie wollen damit ihre Hingabe beweisen. Die Mantras haben ihren Sinn, weil die Schwingungen der Liebe darin aufgehen; das ist wie bei euch den Rosenkranz beten oder das Vaterunser.

Die Rückkehr Buddha Maitreyas – Die Wiederkunft Jesu Christi 8.6.90

Wird Jesus wieder inkarnieren, wie mir dies schon angedeutet wurde, oder wird er ‹vom Himmel herniedersteigen, in den Wolken des Himmels, mit grosser Kraft und Herrlichkeit› wie sich dies die Apostel und Schreiber in der Bibel vorstellen?

Jesus wird inkarnieren wie jedes Menschenkind; er wird als kleines Kind wieder auf die Erde kommen. Er wird seinen Lehrgang machen wie ihr, er wird ein Krabbelkind, er wird ein Lernkind, er wird alles durchmachen.

Dann wird er ja einen andern Namen tragen, wie in seinen anderen Leben auch? Es hatten dies jeweils nur ganz wenige erkannt. Und er wurde ja auch in jedem seiner Leben wieder getötet.

Richtig, ‹Die Herrlichkeit›, wie es geschrieben steht, das kommt auf die Menschen selbst an, und zwar ist dies von jetzt an der Anfang; wie weit entwickeln sie sich und wie weit spüren sie das Wort ‹Glaube› und ‹Achtung› vor der Natur, vor sich selbst oder vor Gott.

Jesus wird auf diese Erde kommen und wird ein erfülltes Leben durchleben. Er wird wieder Gutes tun, er wird wieder helfen – unter einem andern Namen – aber die glauben, werden wissen, dass dies Gottes Sohn ist. Die andern werden ihn wieder verfolgen.

Und wenn der grösste Teil der Menschen nicht bald auf den richtigen Weg kommt, wird dann Jesus Christus ein letztes Mal von diesen Menschen umgebracht werden. Dies wäre dann der Untergang.

Es ist nun die Wendezeit – und die fängt jetzt an.

Auch die andere Seite ist sehr aktiv, denn je mehr Menschen sie für sich gewinnen können, je unwahrscheinlicher wird die Menschheit ihr Ziel erreichen, den Frieden und das Glücklichsein auf dieser Erde zu verwirklichen.

Der Wille Gottes wäre – du weisst es – eine so glückliche, unsagbar glückliche Zukunft für die Menschen, mit endloser Liebe! Wir hoffen sehr, wir hoffen wirklich, dass ihr dies noch verwirklichen könnt. Hast du noch Fragen dazu?

Es liegt also an jedem einzelnen Menschen selbst, ob wir hier auf der Erde noch ‹unser Himmelreich› entwickeln können?

Richtig, es kommt nur darauf an, was ihr damit macht.

Muss ich all dies auch in ein Buch schreiben?

Ja, die Zeit ist reif dazu, aber schreibe es erst ins fünfte oder sechste Buch und erschrecke nicht, wieviele Verhöhnungen ihr dann entgegen nehmen müsst.

Das Licht kommt diesmal aus dem Osten 15.6.90

Du sagtest, das Licht kommt diesmal aus dem Osten, Jesus wird wieder inkarnieren und keine Erscheinung am Himmel sein. Die Buddhisten erwarten die erneute Inkarnation Buddha's, die Christen erwarten die Rückkehr Jesu Christi; besteht ein Zusammenhang zwischen Buddha und Jesus, oder ist es ein und dieselbe Inkarnation?

Ja, da besteht ein sehr grosser Zusammenhang, denn

Das Licht kommt diesmal aus dem Osten

Wir sind Eins
Die Lotosblume gleitet mit dem Fisch im Wasser
Und die Vereinigung steht bevor
Und das Wassermannzeitalter ist da
Der grosse Wendepunkt wird auf euch zukommen
Im Namen des Vaters, des Sohnes und des Heiligen Geistes

Wir sind Eins – Om mani padme hum.

<small>(Die Hände der Mystikerin formen nun das Grusszeichen Jesu Christi, dann ineinander übergehend eine Lotosblume.)</small>

Hast du noch Fragen?

Was ich gerade erleben durfte, ist so wundervoll, aber auch unerwartet – es wird vor allem für Christen unerwartet sein. Es wird ein grosses Umdenken geben müssen, bis ein Christ Jesu und Buddha in einem sehen kann.

Warum sagst du dies nicht umgekehrt, ‹dass ein Buddhist...?›

Die geistige Welt möge mir verzeihen, ich habe mich jetzt nur gerade in meine Mitchristen hineinversetzt, die mehrheitlich hier leben.

Schau, ihr seid immer sehr überheblich mit dem Wort ‹Christentum› umgegangen, und ihr habt euch nie sehr grosse Mühe gemacht, euch in andere Religionen einzufühlen. Es gab sicher viele Menschen die das taten, aber sie sind immer verhöhnt und verspottet worden.

Ihr sollt wissen – wir sind Eins – denn Unterschiede gibt es nur auf dieser Erde. Bei Vater Mutter Gott gibt es keine Kleinlichkeiten, da ist Liebe, da ist Einigkeit, da ist Herrlichkeit, aber keine Abspaltungen und Verurteilungen.

Und jede Religion möchte so überheblich von sich behaupten: nur wir sind die Richtigen. Und die vielen tausend Sekten, die ihre Anhänger fast zur Dummheit zwingen – die schreien auch nach ihrer Richtigkeit. Und woher haben sie all dies abgeleitet – aus der Bibel – aber jeder hat, um irgendwie ein Geschäft daraus zu machen, sie nach seinem Willen umgedreht.

Also seid auf der Hut, wenn ihr sagt, ‹wir sind Christen›. Denn dies müsst ihr Menschen noch lernen, eins sein, eine Liebe und die Religionen vereinigen, dass jeder den andern liebt sowie er ist, an was er auch glaubt, und mit ihm Hand in Hand gehen und offene und liebende Worte darüber sprechen können. Hast du noch Fragen?

Ist dies nun ein grosser Schritt, hin zur Vereinheitlichung der Religionen?

Richtig, und ihr werdet eine Zeitlang für verrückt erklärt werden, aber ihr werdet es durchstehen. Wenn es sich erfüllt, werden sie sich an eure Worte erinnern und einige werden dann umdenken können, andere wieder ihren festgefahrenen Weg weitergehen.

Keiner von diesen Menschen wird verurteilt von uns, denn unsere Liebe umhüllt sie weiter, in der Hoffnung, dass auch sie aus ihrer Verblendung aufwachen, frage!

Ich glaube kaum, dass Menschen meines Alters noch werden umdenken können, aber in den Augen der Jungen stimmt einiges nicht zusammen.

Ja, diese Menschen in eurem Alter gehen nun den bequemeren Weg, ich habe mir dies nun erschaffen und habe bis dahin dies so geglaubt, für mich gibt es nichts anderes. Entweder sie haben Angst vor dem Umdenken oder gehen gerne jedem Zweifel, oder dem was sie nicht kennen, aus dem Wege, denn es ist bequemer mit der grossen Masse zu schwimmen. Da falle ich nicht aus der Rolle, da bin ich geborgen und da bekomme ich eine gute Altersversorgung. Was die jüngeren Kinder schon eher in Zweifel stellen.

Von diesen werden auch einige den richtigen Weg gehen, denn sie lernen jetzt schon begreifen. Und sehr viele sind dann schon so medial begabt und sensitiv, dass sie dies auch spüren, und sie werden den Weg weiter gehen – nicht als Anhänger, denn dies wollen wir von der Geistigen Seite nicht und dies wollt ihr nicht – sondern als freidenkende Menschen, die aber dieses Ziel gefunden haben und in sich selbst verwirklichen können, dass sie einen klaren und nützlichen Lebensweg vor sich sehen und auch den Geistigen Weg gehen können. Hast du noch eine Frage?

Liebe und Toleranz heisst ja nun nicht, dass wiederum eine neue Religion gegründet wird, sondern dass jede Religion, die ja zur jeweiligen Kultur gehört und dort gewachsen ist, die andere toleriert, mit einbezieht und von innen her einheitlich zu denken beginnt?

Richtig, und schau, der Dalai-Lama versucht ja immer sich der Katholischen Kirche anzunähern, aber es ist schwierig, da sind noch alle Türen verschlossen.

Auch Buddhisten werden umdenken müssen 26.10.01

Genauso wie Christen sich die Wiederkunft Jesu in falschen Bildern vorstellen, so werden wohl auch Buddhisten die Inkarnation des kommenden Buddha, an einem falschen Ort suchen. Mit Osten ist doch wohl nicht das ‹Dach der Welt›, Tibet gemeint? Möchtest du dazu noch etwas sagen?

Warum soll ich dieser Welt noch Worte geben und wieder Worte geben, wo keine Liebe, kein Verstehen und nur ein Erhaschen von Sensationen vorherrscht? Und Osten bedeutet nicht nur Tibet!

Denn schau, auch er wird sich nicht als ehemalig geborener Jesus zu erkennen geben, er wird sich auch nicht als ehemaliger Buddha fühlen, denn dies tut niemand der Weisheit besitzt. Und Menschen sollen ihn dort erkennen, wo er lebt. Auch er muss zuerst einmal werden. Auch er muss sich zuerst zurecht finden in dieser Welt, er muss lernen. Und wenn es soweit ist und er auf Reisen geht, kommt es dann darauf an, ob alle die glauben Buddha oder Jesus zu erkennen – ob sie ihn dann auch wirklich erkennen, wenn die Worte, die er jetzt bringt, anders sind.

Seinem Leben, seiner Zeit entsprechende Worte?

Ja, aber was bringt es in einem Land welches Mühe hat an Reinkarnation zu glauben, oder auch in einem Land das an Reinkarnation glaubt, und trotzdem, jeder der davon spricht oder einen tiefen Weg geht, von sich selbst glaubt, er allein sei der Heiligste, nur er sei der Heilbringende.

Was bringt es der Vergangenheit nachzuhängen, denn ihr seid ja alle in dieses Leben gestellt, in diesen Körper. Ihr sollt dies dort bringen, wo ihr weilt und mit diesen Worten, für diese Menschen, die gewillt sind und offen zu hören. Es ist nicht wichtig, wer jemand war.

Es gibt immer wieder Personen, die von sich glauben, Christus zu sein; diesen Sommer sah ich einen Mann mit wallenden Gewändern, langem Haar und Sandalen an den Füssen, in grossen Schritten einem See nach schreitend, der nun genau dies Bild verkörpert hat, das wir uns von ‹Jesus vor zweitausend Jahren› machen.

Wenn er seine Glückseligkeit dabei findet, soll er glücklich sein.

Wie du schon sagtest, so gefangen in einer Person, kann man ja erst recht nicht seine eigene Persönlichkeit aufgeben, um das Göttliche durch sich fliessen zu lassen, man ist ja dann immer bedacht, eben den vergangenen Jesus zu imitieren? Er möchte ja dann Worte Jesu wiederbringen, und glaubt sogar, Hebräisch sprechen zu müssen.

Schau, er kann es gar nicht wiederbringen. Wie will er es? Er kann nur nachahmen, er kann nur die Worte nachahmen. Er kann sich kleiden, er kann sein Äusseres, wie man glaubt so habe Jesus ausgesehen, imitieren, so herum schreiten. Aber was nützt es ihm? Warum geht er soweit zurück? Warum bringt er nicht in seiner Zeit, mit seinem Menschen dies, was die Welt heute braucht?

Schau, kein einziger Gedanke an die Vergangenheit bringt euch weiter und lässt euch so lange stehen. Was wollt ihr dort? Ihr habt in der heutigen Zeit zu erfüllen! Ihr bestreitet euer Leben nun zu dieser Zeit.

Ihr möchtet von Herzen versuchen, denen Licht zu bringen die erkennen möchten, denen die Wahrheit suchen, die Liebe suchen – wie sie es auch ansehen – aber ihnen dieses zu geben, aus eurem Innern, und was sie damit anfangen, können sie selbst entscheiden. Aber wenn jemand bei seiner Liebe, bei seiner Einfachheit bleibt, lebt er es auch vor und bleibt sich selber treu.

Wer immer weiter sucht, geht ja dem Lichte entgegen. Und wer es nicht annehmen will, den kann man nicht zwingen, denn jeder versteht unter ‹dem Lichte› etwas anderes. Licht bringt nicht falschen Prunk. Licht bringt nicht ein Vermögen. Licht bringt auch nicht immer ein gutes Leben.

Und es ist wichtig, wenn man weiss, ich muss nicht Menschen überzeugen, sie müssen mir nicht folgen, sie sollen ihr Menschsein leben, mit all ihren Gefühlen und Ansichten. Sie brauchen mich nicht nachzuleben und ich sie nicht. Ich brauche mir nicht Sorgen um sie zu machen, denn sie sind ihr eigener Mensch, und sie brauchen sich auch nicht zu sorgen um mich, denn ich kann nur meinen Weg gehen.

Und Worte…, du weisst ja, wie man ‹diese› Worte annimmt, denn das ist ja das Verhängnis des Menschen: wie geht er mit jemandem um, der vielleicht unter ihm ist, weniger ist, sich anders gibt, etwas anderes lebt, wie schaut er ihn wirklich an und was für ein Interesse hat er wirklich diesen Weg zu gehen? Das ist jedem selbst überlassen.

Es kommt immer darauf an, wie ehrlich jeder zu sich selbst ist und wie er wirklich will, und was er unter Liebe wirklich versteht. Sich irgend anhängen und glauben, es färbt dann etwas auf ihn ab, dies ist Illusion. Denn jeder einzelne Mensch muss sich alleine durchlaufen, an sich arbeiten, sich ändern.

Der Achtfache Pfad und die Zehn Gebote 24.8.90

Mich würde interessieren, welches von der Geistigen Welt aus gesehen, die Grundelemente der Lehren Buddhas sind, denn ich glaube, sie ähneln sehr denen von Jesus Christus.

Hast du das Rad noch nie gelesen?

Doch, ich habe vom achtfachen Pfad in einer Kurzschrift über Buddhismus gelesen.

Schau, die Lehre ähnelt sehr euren zehn Geboten. Du sollst nicht töten – all dies kommt auch im Buddhismus vor – du sollst deine Feinde lieben, du sollst in tiefer Demut und Ehrfurcht dein Leben bestreiten, in unendlicher Liebe und in Glückseligkeit, nicht im Äusseren, sondern in deinem Inneren suchen, und dass man das Materielle loslässt, in sich geht und das Herz in Gott öffnet. Dies ist das Wichtigste im Buddhismus: deinem Feinde in unendlicher Demut und Dankbarkeit entgegen gehen; jedem, deinen Mitmenschen, den Tieren und der Natur. Dich an nichts mehr hängen, alles loslassen, sich immer zu bedanken und anderen Menschen zu helfen in unendlicher Liebe – dies ist sehr wichtig.

Dann steht in den Evangelien und vorab in der Bergpredigt tatsächlich dasselbe. Nur dass das Tibetische Volk und allen voran der Dalai Lama diese Demut, diese Ehrfurcht, diese Freundlichkeit, diese Bescheidenheit, diese Liebe auch tatsächlich leben. Sich in die Evangelien vertiefen um den wirklichen tief Geistigen Weg in Gott zu gehen, die Worte Jesus Christi mit aller Konsequenz zu leben, dies käme tatsächlich der Lehre Buddhas gleich.

Ja, dies hast du richtig gesagt; den Geistigen Weg tief zu gehen, bedeutet, den Weg in sich zu gehen – da kommt niemand daran vorbei – in sich zu gehen und loszulassen, und ‹das Wort› in sich zu hören. Denn dann wisst ihr, jetzt habe ich mich wirklich geöffnet.

Und ihr werdet die Göttliche Liebe spüren, die ewig in euch brennt – ob Buddhist oder Christ. Dies ist dann wirklich die Erleuchtung und ihr werdet ‹das Licht› sehen.

Aber jeder Mensch soll, ganz aus freiem Willen, die Liebe zu Gott in sich suchen, denn Gott ist in jedem Menschen. Aber dies muss wirklich aus freien Stücken geschehen. Und wenn die Zeit reif ist, dann wird man Gott finden. Und man darf Ihn immer darum bitten und immer darum flehen.

Für jeden Menschen wird es geschehen, wenn seine Zeit gekommen ist! Wenn man es wirklich ehrlich meint, dann wird man die Offenbarung in sich erleben.

Könnten wir heute noch umgehen mit den Lehrsätzen Buddhas

26.1.01

Bedenke, wenn eine Religion lange besteht, fügt man immer mehr hinzu und um so grösser werden die Bücher.

Ihr seid nicht mehr fähig dazu, denn es sollte ja immer noch mehr sein, noch ausgefallener. Man braucht gar nicht viele Lehrsätze; man soll in die Stille gehen und dort lernen. Wir haben dies schon einige Male angesprochen, aber die Zeit hat sich verändert, der Mensch ist sehr oberflächlich geworden, er kann kaum mehr stille sein. Er kann fast nur noch leben, wenn er sich selbst möglichst nicht spürt, weil er ja nichts mit sich alleine Tun kann, oder einfach sich fühlen möchte.

Er braucht immer etwas zur Ablenkung. Man muss etwas tun, man muss sich beschäftigen, man muss körperlich rege sein. Und da vergisst der Mensch, dass er sich ja immer nur im äusseren Umfeld im Kreise dreht. Sein Inneres bekommt keine Ruhe, es bekommt nicht die Chance sich kennenzulernen.

Und bevor ein Mensch sich nur einmal ruhig hinsetzen kann, sich einen Moment der Stille gönnt, sich selbst einmal kennen lernen will, seine Schwächen ansieht, seine Fehler, seine Stärken und seine Liebe, und damit auch umgehen kann, geht er schon wieder aus dem Hause. Seine Schwächen will er ja gar nicht sehen und auch nichts hören davon. ‹Am besten, die andern ändern sich, ich bin doch eigentlich perfekt.›

Und dann gibt es Menschen, auf deren Reise eben die Rückfrage kommt: ‹Möchtest du nun wirklich das beginnen, was eigentlich für dich auf deinem Wege auch noch bereit läge und für das du in einem anderen Bereich ja gesagt hättest?›

Es gibt vielleicht eine Veränderung durch einen Todesfall, durch eine Krankheit, durch Freunde, die von etwas sprechen, von dem man schon mal gehört und es einem interessiert hat, aber man nicht den Mut hatte, gleich zuzustimmen oder nachzufragen. Also geht man in einen Bücherladen und holt sich etwas und es vermehrt sich.

Und dann kommt nun eben die Wegstrecke, die in eurer Zeit sehr verbreitet ist, mit all den vielen Angeboten. Und da verliert sich der Mensch wieder, weil er eben nicht die Sicherheit in sein Inneres gelegt, um wirklich zu spüren, was Wahrheit ist und was es braucht.

Also lässt er sich auch verformen, verblenden, er füllt sich randvoll mit äusseren Weisheiten und Praktiken. Und auch da möchte ich einräumen, gibt es Menschen, die bis zum Lebensende dort weitergehen, und wenn es für sie stimmt und sie glücklich dabei sind, ist es auch gut.

Aber wenn ein Mensch etwas vom Tieferen hört und dort anfängt zu suchen, wird es für ihn schon schwieriger. Man möchte zwar... aber eben... viele sehen es ja dann nicht, weil dieser Weg eigentlich zuerst der Weg zu sich selbst ist, um ‹sich› kennenzulernen, sich zu durchwandern, sich zu reinigen, zu säubern, und die tiefe Wahrheit in sich zu legen. Und dies ist mühselig, denn es braucht sehr lange Zeit und dazu braucht es viel Geduld. Alles andere kann man weit schneller erlernen, man kann gleich tätig sein, man kann gleich sehr weise, sehr erleuchtet, sehr nahe dem Geistigen und ein Lichtwesen sein, dies ist einfacher und angenehmer.

Der tiefe Weg verlangt viel Einsamkeit, viel Stille, viel Ehrlichkeit, viele Tränen. Manchmal auch Schmerz, Schmerz in sich selbst, Schmerzen durch andere Menschen, da man sich ja verändert, vieles nicht erträgt, vieles nicht mehr hören kann, nicht mehr spüren möchte.

Und dies ist für andere und für einem selbst nicht mehr immer nur schön, nur abgehoben. Das Vertrauen schwindet, denn die Beweise, die man erhofft, sind nicht üppig gesät. Man hofft, doch irgendwo etwas zu sehen, zu hören, zu fühlen, zu heilen – und es ist am Anfang lauter nichts. ‹Dies kann ja der Weg nicht sein, denn ich möchte ja tun, ich möchte ja helfen, ich möchte verändern, ich möchte gut sein in dieser Welt, ich möchte das brave Kind sein und möchte ein Kind von denen sein, wo doch ab und zu eine Lobpreisung fällt.›

Auf dem tiefen Wege geht man, tut Gutes, geht weiter, blickt nicht zurück, hört nicht zurück. Man braucht kein Dankeschön, man geht. Man strahlt das Licht aus seinem Innern heraus, man gibt Liebe in einer tiefen Ehrlichkeit, weil der ewige Fluss einem durchfliesst. Man gibt Heilung, ohne dass ein Mensch davon weiss.

Einer spürt vielleicht, ‹als derjenige bei mir vorbei ging, da hat sich doch etwas bei mir verändert, es geht mir auf einmal wieder gut.› Manche merken nicht einmal, dass ihnen geholfen wurde und verfallen wieder in ihren gewohnten Trab; die Chance aufzuhorchen und zu lernen, zieht ungenutzt an ihnen vorbei.

Und auf dem tiefen Wege erlangt man all das Äussere was die Menschen suchen – wie ihr es nennt – auf eine andere Art. Man erhält zuerst sein zweites Ich, sein wahres Leben. Denn es ist das Innere, das dann das Äussere berührt, und dadurch das Äussere ganz verändert, weil wir dann so tief bei euch sind, dass eigentlich der Fluss ewig fliesst. Er fliesst und fliesst und fliesst, und ihr gebt immer bei allem was ihr tut, das Geistige durch. Ob ihr nun seht von einem Menschen, ob ihr fühlt, ob ihr hört. Ob ihr auch uns sieht, uns fühlt, denn ihr wisst ja, wir sagten dies auch schon, alles ist dann eins. Aber ihr formuliert es nicht wie die anderen Menschen, denn ihr habt ein anderes Ziel.

Es ist ja jedes einzelnen Reise, die für jeden sein eigener tiefer Weg bedeutet, auf dem er immer mehr in sich lernen soll. Lernen und wieder lernen, erkennen, traurig sein, Schmerz tragen, wieder erkennen, um endlich dahin zu gelangen, um zu wissen, eine Reise kann schön sein, aber es ist immer auch ein Rückruf in das Materielle, in das Körperliche.

Und irgendwann ist das Licht so intensiv bei ihm, dass er weiss: nun braucht es keine Reise mehr ins menschliche Gewand, es sei denn, das Licht sagt zu mir, ‹kehr' zurück›.

Schliesslich begibt man sich auf die letzte Strasse des Seins, um dann zu erkennen, was die Tiefe des Rufes bedeutet. Aber dies ist die tiefste Strasse und die schwerste, doch man weiss, es gibt nur diesen Weg, und man tut alles für ihn.

Man liebt Menschen, die einem missachten. Und man hinterlegt ihnen ein Korn des Ewigen Lichtes der Liebe, dass es dann auf ihrer schweren Reise irgendwann aufgeht, und sie dem Lichte nahe führt.

Und es braucht dann keinen Namen von dieser Person, denn man ist ja dann eins. Also, man trennt sich nicht von all dem, aber man braucht auch keinen Namen. Denn jeder, der den tiefen Weg geht, weiss, dass alles zurückgelassen wird, und es die grösste Unwichtigkeit überhaupt ist, zu wissen, wer und wie. Und sie suchen und suchen in sich, was sie all ihren Mitmenschen zuliebe tun, was sie ihnen an Erleichterung geben. Aber sie suchen für sich weder Verständnis noch Gegenliebe, denn sie wissen, dieser Weg ist ein undankbarer Weg, aber was sie am Ende erreichen, ist das Allergrösste.

Es ist ihr Leben in dem Wahren Lichte. Sie wissen, dass dann keine Lebensreise in das Fleischliche mehr auf sie wartet, denn sie haben es auf dieser Reise des Erkennens, des Menschseins, zurückgelassen. Und sie wissen, nun weilen sie wieder in dem Lichte. Denn sie haben durch all die Erfahrungen, ob freiwillig oder auch, weil man zurückkehren wollte um andern zu helfen, wie auch immer, dass das eigentlich für ein Wesen des Lichtes nicht mehr von Bedeutung ist. Und man schliesst ab mit diesen Reisen und verweilt dann in der Ewigkeit.

Aber um dahin zu gelangen, wird jeder Mensch und jede Seele von uns geprüft, wie er wirklich zu uns zurückkehren möchte und wie sein ‹Ja› wirklich gemeint ist. Wie nah ihm doch sein Körper noch ist, und wie nah ihm doch noch all das Äussere ist. Wie er mit all den Verlockungen der vielen Angebote umgeht, die ihr habt. Wenn er auch nur erkennt, ich hänge noch daran, ich brauche es noch, ist er doch noch sehr im Fleisch verhaftet.

Denn jeder der den Weg des tiefen Erkennens geht, sollte von einer Sekunde auf die andere alles zurücklassen können, selbst seinen gesunden Körper, so dass er bereit ist, von einer Sekunde auf die andere das Schwerste auf sich zu nehmen, die Behaglichkeit, die Wohnlichkeit, die Freunde, die Familie; alles sollte er zurücklassen können. Erst dann ist das wahre ‹Ja› da.

Dies heisst aber nicht, dass man dies von euch verlangt, oder dass ein jeder von euch dazu bereit sein muss. Denn du weisst, es gibt immer wieder einen Weg, der einem tiefer führt. Und erst, wenn man wirklich – und dies erkennen wir ja und wissen wir ja – auf unserer Seite dazu ja gesagt, erst mit diesem Menschen beginnen wir diese Reise. Aber auch die anderen Menschen, die ihren Weg so gehen, wie sie glücklich sind, werden dort ihren Weg beenden, um irgendwann einmal noch ganz zurückzukehren. Hast du da noch Fragen?

Wünscht sich jeder Mensch, wenn seine Seele noch auf der andern Seite weilt, zu vollenden und ins Licht zurückzukehren?

Nicht jeder Mensch.

Also liest man sich vielleicht auch ein leichteres Leben aus und hat diese Sehnsucht noch nicht?

Jeder hat seine eigene Aufgabe, seinen Weg. Einer beginnt ihn im tiefsten Dunkel, einer beginnt es in einer Fröhlichkeit, in einer Leichtigkeit. Jeder begibt sich auf die Strasse, die er ausgewählt. Ein Mensch ist krank, ein Mensch trinkt viel, ein Mensch bringt andern viel Leid. Jeder sucht sich die Reise aus, um zurückzulassen, um zu erkennen, um zu erfahren, um auszugleichen, um Gutes zu tun. Jeder geht dahin, wo er steht, was er versteht und was er tun kann. Wie tief jeder Mensch geht, ist seine Sache, dies muss er sich selbst beantworten.

Einer kann die Tiefe erreichen, und ein anderer denkt, ich möchte noch gern dieses und jenes, oder dies ist mir zu mühselig, dies kann sicher der Weg nicht sein. Oder er geht bis zu einer Tiefe und dann kommen die Prüfungen auf ihn zu und er denkt, nein, auf einem Lichtwege darf dies alles nicht geschehen und kehrt um, denn auf diesem Wege soll es einem ja gut gehen; dies habe ich da gelesen und dort gehört.

Denn jeder der hier unten weilt, hat die grösste Prüfung darin, was das Mensch-Sein anbelangt, was Vertrauen heisst, was Glauben heisst, was Geduld heisst und wahre Sehnsucht in sich tragen, um wirklich zu gehen. Wer die hat, wird erfüllen, denn er sieht nur das Licht vor sich, und er ist bereit, von einer Sekunde auf die andere sein Leben zu geben für diesen Weg, oder in grösster Armut zu leben, dass man ihm alles nimmt, und er unter den Brücken lebt, verhöhnt und verspottet, aber sein wahres Ziel im Innern nie verliert.

Jeder muss dieses Ziel selbst suchen. Wir stehen ihm bei, aber er bekommt keine weiteren Worte dazu, denn wer gehen will, wird es finden, ein jeder!

Wir helfen jedem Menschen, aber die gleiche Hilfe möchten wir von ihm sehen, dass er es wirklich mit jeder Faser seines Herzens, mit seinem ganzen Menschsein auch tut. Denn wenn nur wir ihm helfen, hat er nichts getan, und die Bereitschaft ist in Frage gestellt. Er muss seinen Teil dazu geben, sonst geht gar nichts. Wir können einmal helfen oder ein paar Mal, aber dann müssen wir zurücktreten und sehen, was macht nun der Mensch mit dieser Hilfe. Wartet er schon wieder auf Hilfe unbewusst, oder auch bewusst, und hofft und hofft und wenn nichts geht, tut er noch weniger? Oder was macht er nun? Geht er nun von diesem tieferen Gehen noch tiefer, aber von sich aus?

Ich bewundere die Art und Weise, wie sich Buddhisten konzentrieren können, wie sie meditieren können.

Sie konzentrieren sich nicht auf die Leere; sie konzentrieren sich darauf, dass keine Gedanken in ihnen verweilen können. Dies könnt ihr hier ebenfalls tun. Lasst eure Gedanken vor euch stehen. Seid euch ihrer mächtig, indem ihr euch selbst sagt, ‹ich bin mein eigener Herr und Meister, ich bin fähig mein ganzes Denken in den Griff zu bekommen, es abzustellen um leer zu sein›. Konzentriere dich nicht auf die Leere, denn dies ist ja schon wieder ein Gedanke. Lass dein Denken!

Dein Wille muss so stark sein, dass du dir selbst deinen Meister zeigst. Dies kann ein Mensch nur durch sich alleine. Du musst es alleine erarbeiten, sonst wirst du es nie können. Und so geht es allen Menschen – allen die je diesen Weg gingen. Um zu gehen, braucht es einen starken Willen. Und da fängt es auch schon an: Wirst du Meister über dich selbst, über deinen Körper und deine Gedanken, oder hast du immer wieder eine Schwäche? Jeder muss da seine Zeit selbst einteilen, muss sich genau beobachten. Wann hat er seine grösstmögliche Ruhe, wann hat er vom Äusseren her die geringste Belastung, wie teilt er seine Schlafenszeit ein, wieviel Schlaf benötigt er?

Es ist euer Wille, es ist eure Einteilung, eure Vernunft, eure Disziplin. Ohne Disziplin werdet ihr diesen Weg nie gehen können; auch im Geistigen braucht ihr euren eigenen Stundenplan. Das Wichtigste auf dem Wege ist die Disziplin. Ihr müsst eure eigene Zeit finden, wie ihr es in euren Tagesplan einteilen könnt, wie es für euren Körper stimmt, für eure Fröhlichkeit, für eure Arbeit. Beobachtet, wann es für euch am Besten ist. Dann aber legt eure Telefonapparate auf die Seite, dann seid ihr für niemanden erreichbar, dann nehmt ihr euch eure Zeit.

Für alle Menschen gibt es nur diesen einen Weg der Stille, es braucht kein äusseres Dazutun. Warum glaubt ihr es nicht endlich? Ihr sucht und versucht und steht und steht am selben Ort – und nachher seid ihr traurig und verzweifelt und sucht Ausflüchte, Hintertüren, wo ihr doch vielleicht noch durchschlüpfen könntet – nur ihr glaubt es nie. Ihr glaubt immer, es gibt noch irgend etwas Besonderes ganz für mich alleine, etwas anderes.

Das geht nicht. Jeder geht den gleichen Weg; dieser geht nur durch die Stille und durch euch selbst.

Gott behüte euch! Lernt euer eigener Meister zu werden, der gerne lacht, der gerne fröhlich ist. Es heisst nicht, dass ihr nicht mehr leben könnt deswegen, denn dies ist ja die Bereicherung die euch zusteht – aber eben den inneren Weg nie vergessen, stetig mit einbeziehen. Denn wenn ihr so verbunden seid, dass ihr ihn gefunden habt, dann geht alles leichter.

Gottes Segen und eine fröhliche Zeit. Gott behüte euch!

Angepasste Gedanken – eine lähmende Macht   5.10.01

Du sagtest, ein Mensch in dieser Zeit, könnte kaum mehr seinen Weg finden, wenn all das negative Denken das weltweit, wie auch in seinem Umfeld ausgesät wird, ungebremst auf ihn treffen würde?

Schau, sicher helfen wir hie und da. Jeder Mensch hat ja seine Geistige Führung und da wird ihm geholfen. Und trotzdem kommt es mehrheitlich wieder auf ihn zurück in seinem Leben; wie wir auch schon sagten, nicht gleich, aber irgendwann kreist etwas ihn ein, die Familie ein, es passieren Geschehnisse, wo man sich fragt, ‹ja ich verstehe nicht, weshalb so etwas in meiner Familie geschehen konnte, wir waren nie so, wir erzogen unsere Kinder nicht so, wir dachten nie so.›

Und trotzdem leistete man selbst jeden Tag Vorschub dazu, dass etwas Negatives an Gedanken, auf irgend eine Art, wie tief oder wie aggressiv, wie traurig, wie gleichgültig oder wie verachtend man dachte – sich weltweit verstärken konnte, sodass im Grossen wie auch im Kleinen, auch mit dem Partner, mit den Kindern, mit den Enkelkindern, irgendwann ein entsprechendes Ereignis eintrifft.

Was man also täglich an eigenen negativen Gedanken, zum Beispiel am Bildschirm, beipflichtet, kann einem in irgend einer Form selbst ereilen?

Ja, richtig – bei all diesen falschen Gefühlen, würdet ihr in kurzer Zeit geknickt sein, wenn ihr dem nichts Positives entgegenzusetzen habt. Und da hilft euch die Tierwelt, da hilft euch die Natur, wir helfen euch, dass einiges überbrückt wird, Menschen wie sie, durch die ich spreche, helfen euch.

Lässt man sich da also anstecken, deprimieren, liesse einem dies alles gar nicht mehr Aufstehen am Morgen, – aber es ist unser eigenes Denken. Es ist unsere Unwissenheit und Unkenntnis der Gesetzmässigkeit, wenn wir schrecklichen Ereignissen zusätzlich noch Verstärkung und Raum geben?

Schau, wenn man etwas ansehen kann, ohne Gefühle – zwar sieht man die Bilder, aber man kann sie auch wieder auslöschen, – aber wenn man Gefühle hineingibt, ist es schwer zu ertragen. Wenn einem etwas interessiert und man die Berichterstattungen verfolgen will, sollte man aber dabei nicht vergessen, dass dies alles in diese Zeit gehört. Jeder Mensch steht dort, wo er erfahren soll, daraus lernen soll.

Du meinst, es gibt da kein Entrinnen, die geistigen Gesetze oder Ursache und Wirkung kann nicht einmal zutreffen und einmal nicht?
Nein!
Also, auch hier, bei diesen grossen Terrorismus-Attacken, bei Naturkatastrophen, bei all diesen Firmenschliessungen, Finanzkriesen und Verlusten von Arbeitsplätzen, erlebt man nur, was man erleben soll, woran man wachsen kann?
Richtig.
Es ist also unser aller Denken, unser Zeitgeist?
Ja!

Bekräftigt nicht auch noch bereits gefasste Gedankenformen, denn das heisst, ihr lebt immer noch im Äusseren, ihr denkt im Äusseren, ihr formt eure Meinungen, ihr formt euer Denken, ihr formt eure Leben, überall schaut ihr Formen, dabei gebt ihr euch in die Form hinein, und macht euch wieder Formen. Ihr könnt nichts fliessen lassen, nicht mehr spontan handeln, nicht mehr ‹Leben›, ihr hält euch in euren vorgefassten Formen gefangen.

Jeder hat die Möglichkeit aus diesem Kreislauf hinauszutreten; aber er muss dann den Mut aufbringen, die Konsequenzen auch auf sich nehmen können.

Das Innere kann aber nicht durchfliessen, wenn es der Mensch nicht zulässt. Wenn er sich so in allem festbindet, nur immer von dem Wege spricht, aber so in seiner Form verhaftet bleibt – gleich einem Kuchen der in der Form bleibt; jeder möchte ihn anschneiden, er möchte ihn verteilen, man möchte ihn schmecken – aber keiner begibt sich dahin, die Form zu öffnen, dass alles frei ist, dass man verteilen kann.

Alle beklagen sich, sind bemüht, sind traurig, weil sie doch soviel aufgeben, soviel meditieren, sich so viel Zeit nehmen – aber stets nur ihrer Form treu bleiben. Ihr lässt euch nicht frei fliessen, ihr bleibt in eurem Körper, in eurem Schema, in eurer Denkweise, wie es ablaufen soll. Ihr bleibt eurem äusseren Denken verhaftet, ‹wer bin ich, was tue ich, wie sehe ich aus, wie sieht meine Wohnung aus, wie denkt der Nachbar›, ihr bleibt immer in eurer Form.

Ihr Menschen, versteht das Fliessen alle nicht mehr, das Spontansein, ihr wisst nicht mehr was Leben heisst.

Meinst du, wenn der ganze Tag verplant ist und man von einem Termin zum andern eilt, kann man den Vogel auf einem Ast nicht singen hören, die Blume, das Tierlein nicht beachten das einem etwas sagen will, den Menschen nicht, der einem vielleicht etwas zu sagen hätte, anhören, oder eben auch die Innere-Stimme, die Geistige Führung nicht wahrnehmen, was sie einem gerade übermitteln möchte?

Schau, gemeint ist, dass man auch keine Gedanken, keine Gefühle in eine Form hineinpresst, und dass man sich nichts vorstellt, sich kein Bild macht, gar nichts. Es darf nie etwas haften, es darf nur fliessen. Es umfasst alle Bereiche, es ist das ganze Leben.

Du sagtest auch schon zu mir, verbinde dich jede Minute deines Lebens mit uns, oder auch einmal, du kannst in jeder Minute etwas neues lernen. Dies kann man natürlich nur – auch bei der Arbeit – wenn man stets offen ist und keine Scheuklappen trägt.

Richtig, und du kannst auch nur frei lassen, wenn du keine Form besitzt.

Mir scheint, wir leben überhaupt nur noch nach einem festen Plan, selbst die Freizeit wird genaustens vorprogrammiert.

Ja, schau ihr seid wie ein Schauspieler, ihr geht am Abend ins Bett, am Morgen steht ihr schon wieder im Lebenstheater und spielt eine vorgegebene Rolle, ihr spielt geformte Gefühle, geformte Worte. Alles ist bei euch eingerahmt, es steckt in einer Form. Und eine Form kann sich abnutzen, dann gibt es Schmerz.

Einen Menschen steckt ihr durch eure Augen, durch eure Gefühle, durch eure Worte wieder in eine Form. Dann stirbt er, dann gibt es Leid. Ihr habt überall Formen. Wird eine Form verbeult, sucht man nach dem richtigen Hammer, und man braucht wieder so viel Zeit, nur um exakt genau den richtigen Hammer zu finden, und man sieht, eigentlich kann man die Beule nicht mehr ganz perfekt ausbeulen.

Euer ganzes Leben ist in einer Form. Und ihr formt eure Kinder nach einer Form. Ihr formt und formt sogar die Natur, – ihr lässt nie etwas fliessen, ihr lässt nie etwas frei. Der Mensch verformt sein Leben, er verformt seine Welt in der er leben sollte, er zerstört sie durch lauter Formen, denn er verformt seine Intelligenz in eine Abartigkeit.

Was ist es denn wirklich – auf das Innere hören – ; Gedanken zulassen die aus dem ureigensten Innern kommen?

Nein, kein Gedanke! Ihr fängt immer irgendwie alles mit dem Äusseren an: ‹ich denke›!

Warum lebt ihr nicht?, warum seid ihr nicht?, – einfach Sein! Ob fröhlich oder traurig, das spielt keine Rolle, in allem euch einfach fliessen lassen!

Ihr formt euch immer; es muss geformt werden, es muss gedacht werden. ‹Ich muss denken, ich muss mich fliessen lassen für das Geistige, ich denke, ich muss mich fliessen lassen für die Meditation, ich denke, ich muss mir Zeit nehmen für das Geistige und die Meditation, ich denke ich muss an Gott denken, an die Geistige Führung›..., aber ihr lebt es nicht, ihr lässt euch nicht frei, ihr denkt.

Ihr denkt auch an das Resultat und ‹wann ist es so weit, wann erlebe ich, wann›. Ihr dramatisiert, wenn ihr etwas für euch aufgibt, ‹aber ich habe doch, und ich gebe und, und...› Ihr hält diese Worte fest: ‹ich gab dieses, ich gab jenes, ich tat dieses und die Zeit, die ich gebe›. Ihr tut dies dann alles im Äusseren, ihr kommt nicht zu uns, weil immer der Gedanke dabei ist: ‹ich will ja›, warum ist man es nicht einfach? Es soll fliessen. Fliesst und seid frei! Begrenzt euch nicht immer.

Schau, du musst dich nur frei lassen, dir gar nichts vorstellen, nichts erwarten – gar nichts, einfach Meditieren und dir die Freiheit geben und sonst gar nichts.

Es ist, wie du mir dies nun vor Augen führst, die schwerste Aufgabe überhaupt, sich von unserem Konditionieren zu lösen?

Es ist nicht die schwerste Aufgabe, ihr könnt einfach nicht mehr leben! Ihr lebt nur den äusseren Teil des Lebens. Und ihr findet den inneren Lebensinhalt nicht mehr, weil ihr schon so verblendet seid, dass ihr euch so abtrennt um das innere Leben nicht finden zu müssen. Ihr habt immer noch so tiefe Angst um euer äusseres Leben.

Schau, Menschen die durch Schicksalsschläge von einer Sekunde auf die andere alles verlieren, sehr krank werden, schwer verletzt werden, dass sie nachher nicht mehr so sind, wie sie waren, sie gaben auch alles auf. Und dann kommt es darauf an, wie sie weiterleben. Und ihr hält euch immer wieder an den äusseren Details auf. Sie können es nicht mehr; sie haben nichts mehr.

Du meinst also, das Materielle ist uns stets Hindernis?

Das Materielle, euer Ich, euer Körper, euer Menschsein, eure Gefühle, eure Familie, eure Nachbarschaft, eure Freunde – all das spielt zusammen. Ihr könnt nicht loslassen. Immer ist es doch ein verstecktes Verhaftetsein, ein Angepasstsein, überall dabei sein müssen, dass die andern sehen, ‹ich bin nicht total anders›, eine gewisse Angst, ‹wie würde ich sein, wenn ich all das aufgeben würde, wie verändere ich mich, wie schauen mich dann die Menschen oder meine Familie an›, dies ist alles in euch und dann kommt noch die eigene Person, – wie wichtig ist sie euch noch? Dies ist am schwersten, euch selbst loszulassen.

Gedanken, man müsste doch nun etwas Bestimmtes vollbringen oder tun, man müsste einen bestimmten Eindruck hinterlassen, man müsste doch jemand sein…?

Richtig, oder sich doch wieder da oder dort anpassen, oder wieder da Liebkind zu sein, oder damit es keine Missstimmung gibt, doch einfach wieder mitzutun. Da gibt es verschiedene Anforderungen, aber auch an sich selbst. Sich selbst nicht frei zu lassen, sich zu kontrollieren, ja nicht daneben geraten, ja nicht, dass ein anderer über einem denkt, man sei nun wirklich kindisch geworden, ja dumm, man könne ja nicht mehr ganz normal sein. Vor dem haben viele Angst.

Du meinst, wenn man bei der kleinsten Kleinigkeit um der andern Willen schon nachgibt, auch wenn sie einem gar nicht zusagt.

Auch wenn ihr nur schon betrübt seid über unsere Worte, sie falsch versteht – es sind so viele Dinge, sogar, wenn ihr euch selbst nicht verstehen wollt.

Meinst du einmal mehr, einfach Kindsein zu dürfen?

Ihr müsst unbefangen sein, ihr müsst euch erlauben am falschen Platze zu lachen, ihr müsst spontan etwas Tun können, aber nicht mit Bedacht, denn sonst sieht es wirklich nicht mehr gut aus.

Uns also nicht ständig fremd bestimmen lassen?

Und wenn man nein sagt, dann bleibt es bei diesem Nein. Wenn man etwas nicht tun will, dann tut man es auch nicht, und wenn man etwas tun will, dann tut man es!

Schaut euch eure Zeit an, wieviele Jahre eures Lebens ihr euch nur um euch selbst dreht und an die Geistige Seite nur Erwartungen hegt, die euch betreffen. Ihr selbst hält euch in eurem Netze fest und verschliesst euch dadurch selbst für das Tiefe. Dann aber fragt ihr euch, weshalb ihr nicht tiefer gehen könnt. Keiner kommt von sich einmal wirklich los. Das Höchste das er tut, ist sich leid zu tun und zu verurteilen.

Keiner lässt sich wirklich frei, sonst würde er nicht fragen, wie weit bin ‹ich›? Jeder kann sich selbst loslassen, wenn er wirklich will, er kann sich frei lassen, er kann sich ändern.

Es braucht seine Zeit, – eigentlich sollte man es sofort können – aber ihr verfällt mit der Zeit auch immer wieder ins alte Schema, weil ihr zuviel Zeit dazu braucht und ihr es schon wieder in euren Denkapparat nehmt, zerdenkt, euch eine Regel aufsetzen möchtet, ‹wie ich mir die Zeit nehme, wie ich das angehe, was ich dann tue, wo ich nicht tue›. Und dann war alles umsonst; es kam nicht zum Fliessen, denn man möchte genau wieder in das Schema des äusseren Menschen zurückschlüpfen.

Viele suchende Menschen auf dem inneren Weg, würden viel lieber ein Seminar besuchen und diesen Sachen nachgehen, denn wir sehen, viele verstehen den tiefen Weg gar nicht richtig. Sie hören nun davon und sie möchten da mitgehen – aber etwas tun dafür, dies wollen sie nicht.

Es ist einfach das Urvertrauen, dass man dazu braucht.

Jeder flieht lieber in eine Fantasiewelt, zu glauben, wenn ich dann so weit bin, da habe ich diese Kontakte mit dem Geistigen, da macht mir dann gar nichts mehr etwas aus, dann bin ich über alles erhaben, dann höre ich jenes und höre dieses, und vielleicht muss ich dann nichts Arges mehr durchstehen – wir sind kein Weg zum Spielen, wir sind das Leben, wir sind die Liebe.

Jeder der es nicht verstehen kann, betroffen ist, leidet, weint, – es ist ein Weinen um sich selbst. Es tönt vielleicht hart, aber unsere Wort sind anders als eure Worte. Das Innere kennt keine falschen Gefühle. Entweder man geht, oder man geht nicht. Und wenn man geht, geht man ohne Erwartung, ohne Gedanken, ohne Gefühle. Wenn ein Mensch stets immer nur sich am Nächsten ist, wie kann er dann je einem andern nah sein. Wenn jeder mit sich so beschäftigt ist, so nützt es nichts, wenn man uns anfleht, uns anruft und man sich immer noch so nah ist.

Wir helfen gerne in der Not, bei Krankheit, bei Trauer, auch wenn der Mensch in sich verzweifelt ist, aber nicht wegen der Äusserlichkeit; diese hat mit dem Tiefen noch nie etwas zu tun gehabt. Wenn jemand so etwas je formuliert bekam, bekam er dies aus dem Astralbereich. Dies sind Sachen, die euch aufhalten.

Wichtig ist wirklich, alles fliessen zu lassen, um je das Ziel der Freiheit zu erlangen. Das Ziel ist nicht die Äusserlichkeit, ‹was erwartet mich im Äussern, mir soll es doch gut gehen›. Wer immer noch so am Materiellen hängt und nicht frei ist, kann uns nicht gehen. Er bleibt in dem Äusseren und in dem Astralbereich gefangen, denn er kann nicht loslassen und nicht weitergehen.

Und wir brauchen Menschen, die wirklich loslassen können. Denn wie steht ihr einmal da, wenn auf euch ein grosses Leid zukommt, dass alles weg ist, eure Habe, euer Haus, eure Umgebung, eure Gesundheit, und ihr dann da seid, vielleicht auch ohne eure Lieben, was macht ihr dann? Zermartert ihr euch, schreit ihr um euch?

Oder freut ihr euch für die Chance verbunden zu sein, und das Nutzlose los zu sein. Denn alles was geht, ist äusserlich. Für eure Ohren sind es harte Worte, weil ich ja auch sagte, eure Lieben, denn es sind ja die Menschen die ihr liebt. Aber es sind ja eigentlich nur die Körper, wenn die gegangen, so sind eure Lieben ja nicht von euch entfernt, aber ihr fixiert euch wieder nur auf die äusseren Körper.

Warum liebt ihr so wenig? Warum glaubt ihr so wenig? Warum lässt ihr so wenig Licht in euch einfliessen? Warum freut ihr euch so wenig? Auch wenn es schwer ist, man kann sich freuen, denn es erfüllt sich etwas und es geht dem Guten entgegen.

Aber zuerst kommt das Leid und dann kommt das Dunkle und das Schwere. Aber es ist doch eine Chance bei dem Grossen mitzuwirken, dass endlich nach einigen Jahren auch die Chance wiederkommen könnte, dass es wieder hell wird, der Mensch wieder begreift: Die Kostbarkeit des Seins ist die wahre Liebe, die Gemeinsamkeit mit allem was hier lebt.

Und nicht ich muss ackern, ackern, Geld anlegen, Häuser bauen, dass meine Familie, dass meine Enkel... Wer garantiert euch, dass eure Enkel noch etwas haben? Warum freut ihr euch nicht für euer Leben und dass ihr in einem Lande leben dürft, wo es euch gut geht; wer weiss wie lange noch?

Und wie zerbrecht ihr dann, wenn es nicht mehr ist und wehklagt und habt Ängste; ja, wo ist jetzt die Göttliche Hierarchie? Was haben wir damit zu tun? Es ist eure Illusion der Macht und der Gier, die ihr da aufbaut, aber kein Leben und keine Liebe, keine Freiheit und kein Licht. Und wenn ihr den Weg geht, braucht ihr dies und sonst geht es nicht.

Wir wünschen euch eine gute Zeit, eine gesegnete Zeit. Ihr wisst, wir haben euch angedeutet, die Worte werden härter, wir sprechen nun noch offener, wir haben sehr lange gesprochen und uns immer euren menschlichen Gefühlen angepasst.

Wir wünschen euch eine gesegnete Zeit. Wie ihr diese Worte aufnehmt, überlassen wir nun wirklich jedem Suchenden selbst. Ob ihr euch abwenden möchtet – überlassen wir euch.

Aber wir rufen euch nochmals auf, denn die Zeit sie braucht die Hoffnung derer, für die ihr einmal kamt. Ihre Hoffnung schwindet sonst, dass sie die Gnade des Lichtes auch erreichen können, wenn dann, wenn es schwer wird, niemand ihre Hand nimmt, sie leitet, ihr Herz berührt.

Fragt euch, ob ihr da nicht noch einmal in euch und mit euch, euer Leben durchwandert in eurem Körper und das Unnötige loslässt, um endlich frei zu sein, um das wirklich zu bringen, was der Mensch auf dieser Erde braucht; vor allem auch die Tierwelt und die Natur! Denn ihr könnt Liebe nicht ehrlich empfangen, wenn ihr in eurer Gefangenheit des Menschseins geht. So werdet ihr sie nie hören. Die Gnade des Herrn über euch!

Nun wünschen wir euch eine gesegnete Zeit, gesegnete Tage im grossen Fluss der Freiheit der Ewigen Liebe, kein falsches Suchen, kein falsches Verstehen, keine falschen Bilder, keine falsche Hoffnung – einfach Sein mit allem, ohne eine Vorstellung: wie fühle ich das Tier, wie fühle ich die Blume, wie höre ich sie, wie fühle ich den Menschen? Dies sind schon überflüssige Gefühle, – nur Sein. Gott behüte euch!

Und die Füsse stehen auf des Mondes Scheibe – und das Herz der Sonne lacht – und die Sterne erleuchten in den Farben des Juwels.

Und diese Farben helfen euch tragen, sie erleuchten euch und möchten euch den Segen des Lichtes und der Kraft übermitteln. Denn wahrlich, wahrlich ich sage euch, die Zeit – sie ruft in der Schwere; dann wird es die Zeit geben, die etwas ruhiger wird, und dann kommt die Zeit der grossen Schwere. Und wahrlich ich sage euch, wer dann nicht erkannt und die Strahlen nicht annahm, wird mit der Finsternis untergehen; denn die Gnade des Seins in der ihr nun weilt könnt ihr nicht erkennen. Aber dann erkennt ihr!

Denn die Taube – sie umkreist, und wenn ihr Kreisen den Kreis ganz zog, kehrt sie zurück.

Und wahrlich, ich sage euch, dann kommt ein Wehklagen und unnütze Worte; warum habe ich nicht getan, warum habe ich nicht erkannt den Sinn des Weges – und ich war eine der Jungfrauen, die das Licht nicht zum Leuchten brachte, sondern die Dunkelheit einliess.

Denn das Oel seid ihr – und wie das Licht brennt, ist des Menschen Wille.

Die Gnade des Herrn über euch!

Kinder die Kinder erschiessen 27.7.90

Kriege und Töten oder nur Verteidigung, dies ist doch eigentlich der Konflikt jedes religiösen Menschen. Auf der ganzen Welt gibt es Kriege, werden Soldaten einberufen, jeder hat seine Befehle und schon kommt er in Konflikt?

Denke an den Artikel heute in der Zeitung – und dies geschieht nicht nur in Kriegsländern, obwohl darin einige aufgeführt wurden wie Iran, Irland, aber es wurde auch von Amerika geschrieben. Bedenke was dort ein achtjähriger Junge, der seinen Freund absichtlich erschossen hat, gesagt hat: ‹Ich lebe nur für das Töten, ich töte und töte und töte.› Er besitzt sechs Revolver mit acht Jahren. Und es waren Aussagen von 11–13 jährigen andern Kindern dort, die nur leben, wie sie gesagt haben, um zu töten, also bewusst zu töten. Sicher, sie haben es erlernt durch die Erwachsenen, durch Umstände die unglücklich sind, aber nun sind sie süchtig auf das Töten – und dies ist traurig.

Obwohl dies meistens sehr schnell inkarnierte Seelen von Soldaten sind, die dann irgend eine Abrechnung mit andern begleichen, die ihnen in ihrem Leben ein Unglück zugefügt hatten. Und trotzdem ist es hart, wenn dann eine frisch inkarnierte Seele so etwas sagt, obwohl sie ja wieder für diese Bestimmung zurückgekommen ist, aber es gibt wirklich Seelen die gerne töten. Hast du noch Fragen?

Also, jeder Mensch muss selbst für sich entscheiden?

Verzeih, jedes Wesen muss selbst entscheiden, bevor es wieder inkarniert: ‹Kann ich mit dem fertig werden und verzeihe ich? Und will ich nun den guten Weg gehen? Also schlage ich einen andern Weg ein, denn ich habe ja, bevor ich heimgekommen bin, dies getan; nun möchte ich mir ein schöneres Leben aussuchen.›

Und dies ist ja auch sein gutes Recht, obwohl er vielleicht in dem Leben zuvor, immer getötet hat, denn wenn seine Seele sagen kann, ich sehe einen Sinn in allem, ich sehe die Zusammenhänge, warum ich dies getan, dann kann er sich ein schöneres Leben wählen, denn er hat sich selbst verziehen und all den andern. Aber besonders sich selbst, und dies ist wichtig.

Aber es ist traurig, wenn dann solch ein Wesen nur wieder schnell inkarnieren will, um wieder Unglück zu bringen. Dies sind Wesen, die auf sehr niederen Stufen stehen und gar nicht in das Licht wollen. Sie wollen und müssen Unglück bringen. Und das ist ein Kreislauf, wie der Kreislauf ins Gute. Verzeih, frage nun weiter.

Aber die Opfer die getötet wurden durch solche unglückseligen Umstände, haben die denn das auch wiederum auf sich gezogen?

Ja – aber nicht alle. Schau, es können neue Seelen sein die noch gar niemanden umgebracht haben, oder auch alte Seelen die vielleicht in irgend einem der früheren Leben jemanden umgebracht hatten – aber nicht zwangsläufig auf dieselbe Art. Es kann es auch geben, dass jemand durch jemanden getötet wird, ohne dass sie einen Zusammenhang haben.

Aber zum grössten Teil geschieht es wirklich so, dass irgend jemand, und es muss wie erwähnt, nicht gleich aus dem vorangegangenen Leben sein, es können Jahrhunderte, Jahrtausende – wie ihr im Erdenleben zählt – dazwischen liegen, und irgendwann, wenn das Wesen dies immer noch nicht verkraftet hat und sich vergeben hat, werden sie das gleiche noch einmal auf sich nehmen, aber im umgekehrten Sinne.

Soweit wir voraussehen, wird es sehr lange dauern, bis die Menschen begriffen haben, einem andern nicht das Leben zu nehmen. Denn da müssen so viele Seelen gereinigt werden, dass sie in Glückseligkeit wieder inkarnieren und nur Gutes im Herzen tragen. Solange soviel auf dieser Erde passiert und die Seelen mit dieser Belastung wieder auf die Erde zurückkehren, wirst du wissen, wie lange es gehen kann, bis alles – wollen wir einmal sagen – aufgearbeitet ist. Bis sich jede Seele so frei von all ihrer Last fühlt, dass sie vielleicht sagt: ‹Ich gehe auf die Erde um der Glückseligkeit willen, und ich kann wieder zurückkehren, oder dahin gehen wo ich dann möchte, ohne dass ich die Stufe – wie ihr es nennt – den Tod, durchleben muss, und ich kann von diesem Planeten auch anderswo hin gehen, ich kann mich entmaterialisieren oder materialisieren, aber ich lebe gerne auf diesem Planeten also kehre ich wieder zurück, denn hier herrscht Glückseligkeit und Liebe.›

Bis dies geschieht Kind, wird eine grosse Zeit vergehen, und wir hoffen immer, dass es wirklich geschehen wird. Dass der Mensch nicht wieder, wenn er hier ist, sich plötzlich wieder über Gott stellt, denn dann fängt das Elend wieder von vorne an.

Wanatee spricht zu den Menschen 24.9.90

Wanate spricht zu den Menschen! Du weisse Frau kannst dein Gerät bereithalten!

Ich wünsche euch einen guten Abend. Dass ich von der Weissen Bruderschaft bin, das habe ich euch schon erklärt.

Unsere Aufgabe ist es, Liebe, Hilfsbereitschaft und das Göttliche Licht zu verbreiten, im Stillen und in Demut einfach da zu sein, wo Menschen uns brauchen.

Wir leben auf der Geistigen Ebene und sehr viele Wesen sind inkarniert auf die Erde und es geht eine gewisse Zeit, bis sie in ihrem Innern spüren, ‹es muss mehr da sein›, bis sie einen Drang, eine Unzufriedenheit mit ihrem bisherigen Leben oder auch ein Weitergehen spüren und sie diesem inneren Drang Folge leisten und zu suchen beginnen. Das ist für uns das Zeichen, dass wir mit unseren Brüdern und Schwestern weiter arbeiten.

In dieser Zeit und in der kommenden, braucht die Erde, die Natur und brauchen auch die Menschen sehr viel Licht.

Aber sie müssen zuerst lernen grosse Ehrfurcht vor allem und jedem zu haben – und wirkliche Liebe. Dies werden immer mehr sein, die dies auf der Erde weiterverbreiten. Und es hat schon sehr viele Menschen die dies spüren, aber immer noch zuwenig, für dieses Ausmass das auf euch zukommen wird. Darum sind wir glücklich, wenn einige wirklich diesen Weg bis zu Ende gehen.

Der Weg ist nicht sehr leicht, obwohl die jüngere Generation und diese Kinder, die nun auf die Erde geschickt werden, fast alles Lichtwesen werden. Sie werden den Weg besser verstehen, sie werden medialer, sensitiver sein, sie werden den wirklichen Weg nicht mehr ablehnen, denn sie können sehr schnell unterscheiden was man ihnen vormacht.

Darum geht diesen Weg immer mit einer tiefen, tiefen Liebe und tiefer Demut, und vor allem, lasst es geschehen. Denn wir können nur weiter gehen bei jenen die geschehen lassen, aber auch an sich arbeiten.

Ihr müsst lernen ein Leben ohne jegliche Angst zu führen. Ihr müsst lernen, eure Ängste beiseite zu legen. Ihr müsst lernen euer schlechtes

Gewissen auf die Seite zu legen, die vielen Zweifel und Kleinlichkeiten. Es ist wichtig für euch, denn dann ist es geklärt und die Seele ist ruhig. Werdet frei in Liebe und Fröhlichkeit. Hängt nichts nach, verhaftet euch an nichts, lasst es gehen. Aber erst, wenn ihr wirklich dazu bereit seid, nicht in Oberflächlichkeit.

Dieser Weg ist kein Weg zum Spielen. Dieser Weg ist kein fanatischer Weg. Dieser Weg ist Liebe und Bescheidenheit. Öffnet die Türe in eurem Herzen für Gott, und ihr werdet dies verstehen.

Ich verabschiede mich nun und wünsche allen eine Gesegnete Zeit!

Was denkt der Himmel über C-Waffen? 11.1.91

Möchtest du mich noch etwas fragen?

Ja, du durchleuchtest mein Innerstes. Ich habe gestern Nacht einen Film gesehen über den Gebrauch von Chemischen Kampfstoffen. Jemand hat gedreht, wie das Kurdische Volk ausgerottet wurde, indem C-Bomben auf die Zivilbevölkerung abgefeuert – und damit ganze Dörfer ausgerottet wurden. Jetzt schäme ich mich ein Mensch zu sein und habe jegliche Achtung vor Regierungen verloren, die noch nicht erreicht haben, solche Waffen zu verbieten. Es wurde gesagt, dass das Arsenal der Waffen die Weltbevölkerung mehrmals ausrotten könnte? Werden solche Waffen wieder eingesetzt und kann dies noch irgend ein gutes Ende nehmen?

Du weisst, der Mensch vernichtet sich selbst, durch sich selbst, wenn er nicht lernt. Das Lernen hat er noch nicht begriffen. Hast du mich verstanden?

Es liegt also ganz alleine am Menschen selbst?

Denn er fühlt sich so mächtig. Und der Mächtigste glaubt immer, ihm würde nichts geschehen! Und nachher wird geschrien:

‹Wo ist Gott? Warum lässt Gott dies zu?›

Und wer hat Hass gestreut? Wer hat diese Waffen erzeugt?

Denn wenn Liebe da wäre und Achtung von euch Menschen, dem Menschen selbst gegenüber, der Natur und dem Tier, brauchte man so etwas nicht zu erfinden! Aber da der Mensch gierig und voll Hass ist, erzeugt er Waffen, um seine Mitbrüder und Schwestern zu vernichten. Jeder möchte der Stärkste und der Mächtigste sein.

Solange dies noch auf der Erde herrscht, wird dies der Kreislauf von euch Menschen sein, wenn ihr wieder nichts begreift.

Denn du weisst, das Wehklagen fängt an. Aber was daraus gelernt wird, dies ist die andere Frage. Und dies macht uns jetzt schon traurig.

Die es kommen sehen, tragen es in Schweigen und gehen ihren Lichtweg weiter, und sie werden dieses Licht auf die Erde bringen.

Aber es stellt sich die Frage, wieviele tatsächlich bereit sind, solche

Menschen zu verstehen und ihre Liebe anzunehmen oder sie vorher zu zertreten.

Das Göttliche Licht erstrahle in euch allen. Ich bitte euch, geht in Licht und in unendlicher Liebe!

Gott schütze euch!

Diesmal muss der Mensch die Lösung bringen   *14.1.91*

Es knistert die Frage… wir spüren… wir wissen… aber diesmal muss ‹der Mensch› die Lösung bringen.

Die Macht ist schwarz.

Gott gebe diesen Menschen, die Jahre nur an ihren Gewinn gedacht hatten, nun die Kraft daraus zu lernen.

Zu lernen, nicht jemandem beizustehen um andere zu vernichten, ohne zu überlegen, dass diese Vernichtung sie selbst einmal erreichen könnte.

Der Mensch erntet was er sät. Die Mächte standen zusammen in Heimlichkeiten und Unehrlichkeiten.

Vielleicht lernen sie aus diesem einen Male – das viel Dunkles bringt und im Dunkeln steht – wo sie ihren Fehler gestreut haben.

Auch für uns aus der Geistigen Welt ist es schwer zuzusehen, wohin es der Mensch gebracht hat.

Der Mensch zweifelt und ist kleinlich, wenn er etwas erfährt, was er nicht begreifen kann, aber da wo er vernichten kann, da fühlt er sich grossartig.

Gott gebe euch, dass ihr die Kraft und das Licht weiterverbreitet und all jenen, dass sie ihr Herz richtig öffnen.

Dieses wird sehr viele Jahre brauchen; ihr müsst noch durch sehr viel Schweres gehen, bevor ein Teil eurer Mitbrüder und Mitschwestern lernt umzudenken und zu dem zurückzukehren, das euch wirklich glücklich und selig macht. Und was auch wir euch immer behutsam lernen möchten, obwohl uns aber der grösste Teil der Menschen immer noch voller Misstrauen entgegen kommt. Aber alles braucht seinen Lernprozess, die Zeit ist noch nicht reif dazu.

Der Mensch denkt – wie ihr sagt – und Gott lenkt. Der Mensch geht nur nach seinen Wünschen, und vergisst all die andern, die ihr nacktes Leben fristen im Kampf ums tägliche Brot.

Seid in tiefer Ehrfurcht ehrlich zu einander und begleitet einander in tiefer Liebe, denn nur so könnt ihr zusammenfinden und diesen Weg beschreiten um andern dieses Licht und die Kraft weiterzugeben. Jeder dann, wenn er im Innern bereit dazu ist. Dafür danken wir euch.

Gott schütze und behüte euch, ich verabschiede mich von euch in grosser Liebe und die Geistige Kraft soll Liebe in euch strahlen und Vertrauen in euch legen, dass es weiter geht, und den Zweifel von euch Menschen nehmen.

Trägt das Göttliche Licht in euch – und wenn die Zeit da ist, werdet ihr dies Licht unbewusst weitergeben können, dafür danken wir euch.

Gott schütze euch!

Bis die Völker einander wieder achten und tolerieren
21.1.91

Ich fühle eure Spannung – und trotzdem erwartet kein Allerheilrezept aus der Geistigen-Welt. Dieser Lehrgang muss der Mensch nun gehen, es ist die Wendezeit.

Gott gebe ihnen, dass sie daraus lernen, denn es ist traurig sehen zu müssen, wie der grösste Teil der Menschen denkt. Die einen sind fanatisch, die andern unehrlich.

Wieviel schreien nach Frieden und verstehen ihn trotzdem nicht. Sie schreien ihre Angst, ihr Problem heraus, weil mit sich selbst nicht fertig werden, denn wenn die Menschen wirklich für den Frieden bitten würden, würden sie sich in Stille treffen – dazu bräuchte es keine überflüssigen Worte. Nach Frieden suchen ist ein Gehen in Liebe, in Verstehen.

Je lauter die Menschen aber schreien, umso gefährlicher sind sie. Wenn sie Friedensmärsche begehen und anderen Menschen ihr persönliches Eigentum zerstören – wie können solche Menschen Frieden überhaupt verstehen? Was tragen sie zum Frieden bei?

Dies ist die Zeit der grossen Wende – es ist keine leichte Zeit.

Viele Meldungen die ihr erhaltet sind falsch; auch da wird schon wieder gelogen und verblendet, und es wird unklug gehandelt.

Wir werden dazu keine Worte mehr sprechen!

Aber die an das Vorhandensein dessen glauben, dass es mehr gibt zwischen Himmel und Erde, können nur noch eines tun, und das ist Beten, in tiefer Ernsthaftigkeit, in Gedanken, all überall Liebe und das Göttliche Licht zu bringen. So können die Wurzeln bereits ausschlagen. Aber tut dies nie im Übereifer, dies ist der falsche Weg, es soll in vernünftiger Ehrlichkeit geschehen, – es muss in euren Herzen wirklich stimmen – denn bedenkt, der kleinste Funke Unehrlichkeit oder Heuchelei spüren wir.

Bedenkt auch, dies ist nur eine kleine graue Wolke dessen, was euch noch ereilen wird – wenn der Mensch nun nicht umlernt.

Jenes Ausmass könnt ihr euch nicht vorstellen, was dann geschehen wird ‹durch den Menschen selbst›, und ihr könntet nicht ertragen es zu wissen. Ihr wärt nicht mehr fähig an der Oberfläche zu leben, ihr würdet euch wie Maulwürfe in die Erde verkriechen.

Gebt also ehrliche Liebe und gute Gedanken – ohne Angst, – denn wir sehen sehr viel Angst.

Denn bei Vielen ist es die Angst um das Materielle, um ihr bequemes Leben und sie häufen und hamstern – es ist erschreckend dies sehen zu müssen. Da denkt kein Mensch in Wirklichkeit an den andern.

Nur Kinderherzen können bei euch noch fühlen. Sie spüren die wahre Angst und sie spüren die Mutlosigkeit, die Traurigkeit unter den Erwachsenen, und in viele dieser kleinen Herzen wird schon Hass gesät.

Das Aburteilen ist schnell geschehen, obwohl man sich keine Mühe macht, der Wahrheit auf den Grund zu gehen und die Wirklichkeit einmal von der anderen Seite aus zu sehen.

Gott sendet soviel Liebe, sendet soviel Wahrheit, und es sind eine Handvoll Menschen, die sie wirklich angenommen haben. Der grösste Teil hat sie zurückgeschlagen; die andern gehen in Zweifel.

Aber Gott liebt euch weiterhin. Er wird lieben bis die Menschen spüren, wohin der wahre Weg geht. Bis die Völker einander wieder achten und tolerieren lernen, bis jeder seinen Mitbrüdern und seinen Mitschwestern, aus ehrlichem und tiefem Herzen und echten Gefühlen heraus, bereit ist zu Geben. Und nicht mehr Angst voreinander zu haben brauchen, sich nicht mehr verbergen müssen, sich zeigen können, miteinander lachen und weinen, in Fröhlichkeit und Liebe, und Hand in Hand gehen durch das ganze Leben und durch die Wogen die ein Leben bringt.

Die Geistige Welt sendet sehr viel an Licht und an Liebe aus; diejenigen Menschen, die uns spüren können, empfinden dies in solchen Momenten besonders tief.

Gott segne und behüte euch, das Göttliche Licht in tiefer und unendlicher Liebe um euch! Verlasst den Weg nicht den ihr euch in Liebe auserwählt habt. Ich verabschiede mich in tiefer Ehrfurcht.

Ungerechtigkeit geschieht nicht in Gott 18.11.91

Bei jedem Krieg stellt sich erneut die Frage nach den vielen Menschen die von uns aus gesehen unschuldig mit hineingezogen werden…

Du siehst einmal mehr im Äussern, wegen der Kinder und den alten Leuten, die nun auf der Flucht sind, oder auch umkommen. Nein, – jeder Krieg wird vom Menschen gewollt, und jeder Mensch, der darin sein Leben verlor, hat sich dieses erwählt. Jede Seele ist dort inkarniert worden, wo sie hingehört, um dort eine Erfahrung durchzumachen oder einen Lehrgang, vielleicht auch um etwas wieder gut zu machen.

Eines solltest du nun wirklich wissen: Ungerechtigkeit geschieht nicht in Gott! Da hat alles seinen tiefen Sinn, hast du mich verstanden?

Ja, denn eigentlich kenne ich ein schönes Bibelwort, nämlich, dass kein Sperrling vom Dach fällt, ohne sein Wissen.

Schau, Gottes Liebe ist die Ewige Vereinigung, alles ist Eins, da gibt es keine Unterschiede, keine Verurteilung, es ist Liebe und ein tiefer Friede.

Und wer dies erkannt hat, wird dorthin zurückkehren. Aber es braucht alles seine Reife, alles seine Zeit. Jede Seele geht den Lehrgang des Kreises oder des Rades durch, und wenn sie gelernt hat, wird sie am Ende ihren Kreis schliessen und dorthin zurückkehren. Hast du noch eine Frage?

Ja, du sprachst von Erdbeben und Seuchen, die die Erde heimsuchen werden. Könnte es sein, dass diese Seuchen durch die Menschen selbst, mittels C- oder B-Waffen ausgelöst werden?

Die Seuche, welche die Menschheit einholen wird, ist von ihm selbst erzeugt –, bist du zufrieden? Mehr will ich dir im Moment nicht sagen.

Wenn doch der Mensch seit jeher nur das Eine begriffen und sehr tief verstanden hätte, ‹dass Gott Liebe ist, wahre Liebe›! Und wo eine Liebe ist, ist Verstehen, ist Verzeihen und nicht Verurteilen und Strafen! Gott liebt jedes seiner Wesen und seiner Geschöpfe und alles was Er geschaffen in tiefer Ehrfurcht, in tiefer ehrfurchtsvoller Liebe!

Nur der Mensch hat sich über alles gesetzt. Und er klagt sogar Gott an, dass Er straft, dass Er Unglück bringt, dass Er böse sei. Es ist leicht, sein Inneres abzuschieben und jemand anderem die Schuld zu geben. Das fällt euch Menschenkindern immer leicht. Es ist viel angenehmer als die Wahrheit zuzugeben: ‹Ich habe versagt, ich habe alles falsch gemacht.›

Statt zu sagen: ‹Gott gib mir die Kraft, Dich nun wirklich zu verstehen!› Und Gott würde jedem dieser Menschen die Kraft geben, um Ihn zu verstehen, zu fühlen, aber wer bittet heute noch so etwas?

Heute wird nach dem Materiellen und nach dem Vergnügen geschrien. Nur wenn es eine dunkle Phase gibt, dann heisst es, Gott, wo bist Du, hilf mir bitte, aber nachher solltest Du mich wieder in Ruhe lassen.

Der Mensch hat Angst vor der wahren Liebe, weil sie ihn verändern könnte, und mancher hätte die Kraft nicht, anders zu sein. Der Mensch ist und bleibt der Mensch – und da brauche ich dir nicht mehr zu sagen, da verstehst du mich, denn die besten Bespiele habt ihr nun ja wieder.

Der Menschheit würde es so gut gehen; sie hat ‹soviel› Intelligenz bekommen, sie hat ‹soviel› erzeugt, dass sie sich schon in Gottes Werke hineinwagt – und wann ist der Mensch zufrieden? Oder wann denkt er nur ein Mal, diese Gabe ist mir von Gott gegeben. Ich gebe ihr Liebe, hülle sie in Liebe ein, dass ich auch dieses mit meinem Wissen weitergebe und mit meiner Intelligenz sehr viel Gutes tun kann.

Aber was wird gemacht? Jeder möchte noch mehr vernichten, noch mehr anschaffen, noch habgieriger werden, noch grösser werden – und fühlt sich selbst als Gott. Der Mensch vergisst, und wir hoffen, dass die Zeit kommt, in der der Mensch versteht: Liebe und Licht ist Eines, ist Gott und Friede und Dankbarkeit.

Der Koran kennt kein Töten 21.9.2001

Es hat alles seinen tiefen Sinn, es bedarf kein ‹warum› mehr, dennoch wünsche ich mir die geistige Sichtweise von ein, zwei Randerscheinungen der schrecklichen Terroranschläge des 11. Septembers mit dir beleuchten zu können, wenn ich dies noch einmal darf.

Die vielen Schweigeminuten ganzer Völker liessen mich auch derer gedenken, die im Auftrag Dritter getötet hatten und ebenfalls ihr Leben lassen mussten. Ihre Seelen sind nun auch dort, wo sie klar sehen was sie angerichtet haben, obwohl sie glaubten, sie würden für eine heilige Sache kämpfen, was ihnen ja, wie man oft in Reportagen sehen kann, von klein auf eingetrichtert wurde, gleich einer Gehirnwäsche.

Und was ist da deine Frage?

Wenn ich da an die Seelen solcher Menschen denke, wie sie nun ihr Leben überblicken müssen, das Leid das sie andern zugefügt haben, so können sie doch unmöglich soviel Schuld tilgen?

Schau, es ist der Kreislauf der Erfüllung. Und bei jeder Erfüllung gab es, seit der Mensch diesen Planeten bevölkert, immer wieder Situationen, in denen einige Menschen Taten vollbrachten, die andern grosses Leid und Schmerz zufügten.

Manchmal ist es auch für solche Seelen schwer, denn bei uns, wenn sie noch in den Geistigen-Sphären weilen, sehen sie auf welche Reise sie nun auf diesen Erd-Planeten gehen. Manche können damit einiges hinter sich lassen, aber es ist sicher nie eine leichte Aufgabe.

Manchmal sind es auch Menschen, die sich vielleicht eine andere Aufgabe auf unserer Ebene gewünscht hatten, inkarnieren, aber dann eine solche Aufgabe auf sich nehmen, weil ihr äusserer Mensch während des Lebens, plötzlich eine andere Gefühlsebene, eine andere Denkweise, eine andere Ansicht, ein anderes Vertreten von Freiheit, von Gerechtigkeit bekommt.

Dann vollzieht der Mensch diese Aufgabe, die wiederum andere Menschen, die nicht dabei waren, aber davon hören oder sehen, damit Schrecken und Leid zufügen, Trauer zufügen, Elend und Ohnmacht.

Und es ist richtig – man sollte auch derer tief gedenken, die solche Aufgaben ausführen. Sei es nun, weil sie in einen anderen Bereich getreten sind und vom Licht weggingen, oder eben weiter in sich das Licht tragen – aber eben dann von ihrem menschlichen Standpunkt aus diese Sicht einnehmen; nur dies kann gerecht sein, wir müssen da ein Ultimatum setzen, denn wir glauben, dass einige Mächte oder einige Menschen, einige Nationen sich zuviel erlauben, sich zuviel herausnehmen. Und sie sehen das Gute aus ihrer Sicht und sehen eben, wie all die Menschen, denen es viel besser geht, auf andere Menschen, andere Nationen herabblicken, immer an der Macht sein wollen, dies nicht ertragen und sie darum diese Aufgabe vollziehen.

Es gibt also verschiedene Beweggründe?

Richtig, die du angesprochen hast, die von Kindheit an eigentlich nur den Fanatismus erlernen, sind nicht die, welche ausreisen, sehr intelligent sind und studieren. Sie haben eine andere Aufgabe, sie braucht man im eigenen Land als Fanatiker, als Rufer für die Sache, für den Heiligen Krieg und anderes.

Es gibt sie auch bei euch, die Sturdenkenden, die nur ihre eigene Sache durchbringen wollen und nichts anderes gelten lassen möchten. Und in diesen Ländern werden sie eben so erzogen, dass Mütter die Söhne gebären und schon ihre Väter, ihre Ehemänner ebenfalls diesem Fanatismus huldigen und glücklich sind, wenn sie ihr Kind abgeben und es dort gedrillt wird. Dies ist ihre höchste Glückseligkeit und sie glauben ihrem Kind das grösste Geschenk damit zu machen, das Beste zu geben; es lernt für eine gute Sache zu Leben und zu Sterben.

Ein anderes Bild das sich vielen besorgten und weitsichtigen Zeitgenossen aufdrängt, über das ich mir viele entsprechende Kommentare angehört habe, ist das was in vorbildlicher Weise der Buddhismus lehrt und uns bis heute vorgelebt hat, nämlich gewaltlos zu sein, was ja auch das Christentum sein sollte.

Das wäre jede Religion!

Wie kommen Gruppierungen von Muslimen dazu, Mohammed zu unterstellen, er hätte befohlen zu töten? Da wird doch etwas völlig falsch ausgelegt?

Schau, der Koran – darin wirst du nie so etwas finden, denn der Koran ist gegen jegliches Töten oder jemandem Leid zuzufügen. Aber es ist wie bei euch, dass Glaubensrichtungen ihre eigenen Koran-Bücher, ihre eigenen Bibeln schreiben, sie umschreiben, ihnen andere Gedanken, andere Wörter, andere Sinnes-Inhalte geben, und die jeweiligen zugehörigen Gruppierungen glauben dann genau dieses.

Dasselbe also auch im Christentum. Hinzu kommt, dass Christen ja in früheren Jahrhunderten ebenfalls getötet hatten in den Kreuzzügen, den sogenannten Heiligen Kriegen.

Jede Religion hat getötet, sogar der Buddhismus.

Um wieder in die Gegenwart zurückzukommen, zum Bild der Gewaltlosigkeit, der Toleranz, der Vernunft, dem einzigen Weg des Friedens; solange man sich bekämpft, stellt man sich doch damit auf die gleiche Stufe?

Es ist ebenso Morden – was erwartest du?

Nicht ein Gleiches mit Gleichem vergelten, etwas Grossartigeres, ein vorbildlicheres Angehen der gesamten Problematik, eben ein nicht mehr Herabblicken, jedem Volke die gleichen Rechte zugestehen, dem Hass und dem Neid den Wind aus den Segeln nehmen.

Israel und Palästina ist das beste Beispiel dafür, wie Gewalt, die mit Gewalt vergolten wird, ja niemals enden kann.

Damit komme ich zu meinem letzten Bild über das ich gerne mit dir gesprochen hätte. Ein Bild wie sich Palästinenser über diesen Terroranschlag gefreut haben. Kindern denen Süssigkeiten ausgeworfen wurden, jubelnde Frauen. Bei anderen Berichterstattungen allerdings wurde dann wieder gezeigt, wie diese Tat an Unschuldigen verabscheut wurde, wobei man dann die einseitige Hilfe der Amerikaner an die Israelis kritisierte.

Wie ich sehe versteht ihr noch immer nicht wirklich, denn ihr geht genau nach den Bildern die euch die Reporter vorsetzen und glaubt ihnen auch noch – wie du mir eben formuliert hast – aber, es gibt noch ein anderes Bild. Wenn du genau hingesehen hast, waren es immer die gleichen Bilder, die gleichen Kinder und die gleiche Frau die sich freuten.

Waren diese etwa nur gestellt und gar nicht Realität?

Und wer hat diesen Kindern die Süssigkeiten gegeben, dass sie voll Freude geschrien haben? Und wer hat dieser Frau etwas Geld zugesteckt damit dies falsche Bild entstand, – dass man wieder die Berechtigung hatte, ein paar Stunden später erneut auf dieses Volk zu schiessen?

Ihr lässt euch von falschen Berichterstattungen täuschen, und nicht nur das, ihr hört zusehr auf die Worte und auf die äusseren Bilder. Lernt wieder hinter die Bilder zu sehen, hinter die Worte zu hören und durch eure eigenen Gefühle die Gerechtigkeit zu sehen, denn sonst verfällt ihr alle immer wieder diesen gestellten Bildern, die weltweit in allen Menschen falsche Denkmuster entstehen lassen und Hass hervorrufen.

Es ist also immer noch ein Unvermögen da in unserem Feingefühl?

Ja – ihr blickt wie die anderen, ihr nehmt auf wie die andern. Bevor man sich in Gefühle hineinbegibt – wo doch eigentlich bei all dem Wissen keine diesbezüglichen Gefühle mehr da sein sollten, begebt ihr euch wiederum genau auf dieselbe Wegstrecke wie die andern. Und diese Schwingung trägt ihr genau so aus wie all die andern, weil ihr immer noch im gleichen Denkschema verhaftet seid.

Also kommt die gleiche Trauer, die gleiche Wut in euch auf, die gleiche Verzweiflung – all das lässt ihr auch in euch aufsteigen und lädt so und soviel in euch ab, und irgendwann bricht es auch aus euch heraus, sei es mit einer Krankheit, sei es mit einer Aggression, sei es mit einem Ehestreit, mit einer Meinungsverschiedenheit – irgendwann entlädt es sich wieder.

Also, alles was wir in uns aufnehmen, kommt wieder aus uns heraus?

Ja!

Einmal mehr müssen wir uns dahingehend disziplinieren, dass wir so in die Tiefe gehen, dass wir fähig sein werden, so etwas anzusehen ohne falsches Denkschema.

Und ohne falsche Gefühle. Die Gefühle könntet ihr euch erlauben, wenn ihr es real gesehen oder erlebt hättet, dass ihr sagt: ‹Ich bete nun für diese Seelen, ich bete für die Angehörigen, ich bete auch für die Verursacher. Aber es ist der Lauf der Zeit und der Lauf der Welt, dahin haben wir uns selbst gesteuert, das muss ich nun akzeptieren. Ich darf helfen, aber ich darf mich nicht hineingeben; ich darf diese Schwingung, diese Gefühle nicht in mich aufnehmen.›

Zuviel darüber reden – was bringt das, es vertieft alles nur noch. Und schau, so viele Soldaten sind heute einberufen worden; sie mussten sich von ihren Frauen und den kleinen Kindern verabschieden, weil sie dem Einsatz entgegen flogen. Wer denkt nun an sie, wer betet für sie?

Und wer gedenkt all der vielen tausend getöteter Tiere, nicht in Amerika, sondern bei euch, die man unrechtmässig umgebracht hat? Ihr wisst gar nicht, wie alles Leid das ihr auch den Tieren zufügt in direktem Zusammenhang zu euch steht. Für all die Tiere wurde keine Kerze angezündet, keine Gedenkminute eingeführt.

Das Buch mit den sieben Siegeln 13.4.90

Darf ich dich noch etwas fragen über die Offenbarung des Johannes, die Apokalypse?

Frage!

Grundsätzlich sagtest du mir bereits, dass wir unsere Sturmkatastrophen teils durch die Erderwärmung selbst verursachen würden, und dass auch Erdbeben, nebst den Plattenverschiebungen, auch durch unterirdische Atomversuche, verursacht werden. Also, nicht weil Johannes diese Bilder vorausgesehen hat, geschehen sie, sondern umgekehrt?

Johannes hatte den Weitblick. Und er hat gesagt, was er gesehen hat. Dies alles ist auch in der Akhasha-Chronik, dem Buch des Lebens, geschrieben. Wie ich dir schon gesagt habe, gibt es auch heute noch ganz wenige Weise auf der Erde, denen solches offenbart wird. Aber sie sind an einer Hand abzuzählen.

Ja, es sind die Auswirkungen von Ursachen, die ihr selbst auf euch zieht und die von euch langsam vorbereitet werden. Und es ist so, wie es niedergeschrieben wurde. Aber ihr steht da wirklich erst am ganz kleinen Anfang, denn was Heulen und Zähneklappern bedeutet, werdet ihr erst verstehen, wenn die richtigen Katastrophen einsetzen. Diese sind schwer abzulenken, denn die sie verhindern könnten, werden noch nicht so schnell lernen, und sitzen meist am längeren Hebel. Sie werden euch von einer Katastrophe in die andere treiben.

Aber dies hat seine Ursache und seinen Grund, wie du weisst. Wir alle, aus den Geistigen Sphären mit allen Engeln, hoffen immer noch für den Menschen, dass er daraus lernt, und dass dann, wenn es ganz arg kommt, die Menschen sich auf Gott besinnen werden, die Ausbeutung, die Kriege stoppen werden.

Wir hoffen für die ganze Menschheit, wie für den wunderschönen blauen Planeten, dass das grosse Umdenken kommt und sie erkennen werden, wer die Ursache von diesen Katastrophen ist, und dass es nicht Gott ist, der sie straft, sondern sie selbst sich strafen, indem sie die Liebe und Achtung vor der Natur mit Füssen treten.

Sie haben sich selbst bestraft, durch all das was sie nicht hören wollten. Und diejenigen, die sich als Halbgott sahen, die werden sehr tief fallen. Da müssen diejenigen, die Umdenken können und werden, sehr hellhörig sein. Denn wenn es wieder einen Zeitabschnitt gibt, da es ruhiger wird, werden diejenigen, welche die Menschheit ins Unglück getrieben haben, sehr schnell wieder grosse Reden führen.

Wir hoffen aber, dass dann die Menschen standhaft genug in ihrem Glauben sind, diejenigen nicht auch noch zu verurteilen, ihnen aber mit Liebe zeigen, wer der wirkliche Gott ist, denn nur so könnt ihr einer friedlichen und ruhigen Zeit entgegen gehen.

Aber dies ist nicht mehr in eurem Jahrhundert, dies erlebt ihr nicht mehr. Hast du noch Fragen?

Wie du dies nun sagst, werden sich die Menschen nach den grossen vorausgesehenen Katastrophen eines Besseren besinnen und weiteres Übel abwenden?

Und der erste und der zweite Weltkrieg, waren sie auch bereits Bilder, die Johannes gesehen hatte?

Nein. Die Menschheit hat dazumal sehr viel Unglück auf sich gezogen gehabt, aber dies hatte andere Ursachen. Der zweite Weltkrieg geht zwar schon leicht in diese Richtung, aber es sind noch nicht diese Bilder. Demnach kannst du dir ausdenken, was noch folgen wird.

Die Atombombe die in Hiroshima gezündet wurde und deren Folgen, sind das die Geschwüre die Johannes beschrieben hat?

Dies sind kleine Knötchen; die wirklichen Geschwüre kommen noch, die Bombe von Hiroshima, hat dagegen nur kleine Knötchen ausgelöst.

Sprichst du von einer grösseren Verbreitung, eher von C-Waffen?

Es wird die ganze Erde betreffen, nicht nur ein Volk oder gewisse Länder. Es wird die ganze Welt sehr stark in ihren Bann ziehen.

Es muss ein sehr, sehr grosses Umdenken kommen – ein wirklich radikales.

Prophezeiungen –
Treibhauseffekt und Klimakonferenz *13.7.90*

Treffen eigentlich Prophezeiungen immer ein, oder haben wir eine Chance, sie abzuwenden. Wäre es möglich auch Dinge zu sehen, die nicht eintreffen?

Etwas zu sehen, was nicht sein muss oder nicht ist, gibt es nicht. Alles was gesehen wird, wird sich ereignen.

Vielleicht wurde es nicht ganz so ausgelegt, wie es dann geschieht, oder es geschieht etwas später oder früher. Aber das was gesehen wird, wird immer auf eine Art kommen. Man sieht auch Positives, nicht nur Negatives und beides ereignet sich.

Es wurde vielleicht eine andere Wortformulierung verwendet als die eure sie ist, weil es die vor Jahrhunderten oder Jahrtausenden noch nicht gab um die Dinge zu beschreiben, die in eurem Jahrhundert nun aktuell sind. Sie wurden anders ausgesprochen, anders niedergeschrieben und werden von euch, da ihr dies nicht versteht oder begreifen könnt, anders ausgelegt. Da muss man sehr darauf achten.

Hast du noch eine Frage?

In Zusammenhang mit Klimakonferenz und Treibhauseffekt, wagte ich dich einmal zu fragen, welche Ausmasse dies noch annehmen muss, bis wirklich ein Umdenken stattfindet, zumal ich in meiner Jugend bei Nostradamus las, dass ganze Landstriche einmal im Wasser versinken würden. Du hattest diese Frage aber vornehmlich überhört gehabt.

‹Ich grüsse dich, fremde Frau! Wir bitten dich um Verzeihung, dass wir dir damals keine Antwort gaben, aber dies geschah bewusst, wir haben hier auch unsere Gesetze und Regeln.

Ich sage dir im Namen Gottes, es wird so geschehen und es soll so sein!

Die Pole werden schmelzen, das Wasser wird steigen und die Erde überfluten. Es werden Landschaften untergehen und nicht mehr an der Oberfläche erscheinen. Es werden sehr viele Menschen ihr Leben lassen – aber wie du weisst, hat dies seine Ursache und seinen Sinn.

Die ganze Erde wird sich verschieben, das ganze Klima. Es werden andere Karten von den Menschen, die dann noch hier sind, gezeichnet werden müssen; es wird eine ganz andere Erde sein.›

Möchtest du, dass ich dieses kurze Gespräch aufzeichne?

‹Tu dies im letzten oder zweitletzten Buch!›

Bruder Klaus und seine Pilatus-Vision   2.11.90

Darf ich auch einmal fragen was unser National Heiliger, Bruder Klaus von Sachseln, mit seiner Pilatus-Vision gemeint hat, nachdem der Pilatus im Boden versinken werde und jeder Mensch zwei-Faust-gross etwas auf der Brust tragen werde, dass da heisst Ungerechtigkeit und Habgier – so seine Worte?

Damit ist gemeint, ‹wenn Gott spricht›, Kind! Wenn die Erde erbebt, die Menschen bei ihrem vollen Bewusstsein und nicht, wie viele glauben, sie tot sind. Zumal es dies ja gar nicht gibt, tot sein, das Bewusstsein lebt weiter, aber für den grössten Teil ist es so und sie glauben, wenigstens ein Teil davon, an Auferstehung.

Aber die Menschheit wird dies in ihrem leiblichen Körper erfahren. Sie werden sich so sehen müssen, wie sie wirklich sind. Auch wenn nur für fünf Minuten, aber es wird das Klarste und Schlimmste für sie sein. Sie müssen ihre Wahrheit sehen und können dem nicht entrinnen. Und dann versinkt der Berg, und die grossen Naturkatastrophen kommen.

Denn viele werden wieder gleichgültig und werden über die Worte Gottes spotten, sie werden verhöhnen. Dann aber wird Gott tatsächlich eingreifen.

Die überleben werden – für sie beten auch wir und hoffen, dass sie endlich die Liebe in ihrem Innern, die Liebe zu Gott, zu sich und ihren Mitmenschen, die Liebe zu den Tieren und zur Natur finden werden.

Und, dass sie dann wissen werden, wir sind frei, wir dürfen alles tun, wenn wir es in Liebe tun und nicht in Hass und Neid und im Ausüben von Macht über andere. Gott verbietet nichts, denn was ihr in Liebe tut, ist ja in Ihm.

Dies ist damit gemeint und dies kommt nun wirklich auf euch zu wie du weisst. Hast du noch eine Frage?

Nein – ich fühle mich nicht ermächtigt da noch weiter zu fragen! Vielleicht habe ich auch nur nicht den Mut dazu.

Du kannst fragen Kind!

Du hast eben gesagt, ‹wenn Gott sprechen wird›, ein anderes Mal sagtest du mir, ‹Gott wird seine Stimme erheben›…

Es wird das Gottesgericht – und dies wird hier geschehen, auf dieser Erde. Und viele, viele Menschen erleben dies.

Aber es werden kaum sieben Tage vorbei sein, wird das Verhöhnen und Verspotten anfangen und Gott wird verlacht werden.

Und die Erde wird sich auftun und das Wasser wird kommen. Das Feuer kommt und Berge gehen in sich, aber es wird noch genug Überlebende geben.

Dann wird ein Strahlen in ihr ausbrechen bis zu ihrer letzten Stunde und sie wird noch viel Gutes tun.

Die sieben Engel mit den sieben Zornschalen 1.2.91

Zuerst möchte ich dir und der Göttlichen-Geistigen-Welt danken für die Hilfe und die Führung, durch all das was wir erleben und was noch auf uns zukommen wird.

Schau, wir möchten euch Menschen sehr viel Licht und sehr viel Liebe geben. Wir möchten euch lehren, nicht so schnell zu verurteilen und in euch selbst zu fühlen, woher wahre Hilfe kommt, welche Worte wahre Worte sind und wo ihr hellhöriger sein müsst, damit ihr euch nicht blenden lässt.

Wir müssen immer wieder mitansehen, dass ihr den wirklichen Gehalt und den Sinn unserer Worte nicht immer heraus spürt, oft nicht abwägen könnt, wie es gemeint ist, nicht unterscheiden könnt. Es ist für uns manchmal schwierig, wie wenig tief ihr unsere Texte liest, gar nicht richtig versteht und mit ihnen, die euch ja Erleichterung bringen sollen, gar nicht arbeitet, sondern sie überfliegt und weglegt.

Gebe Gott, dass es immer mehr Menschen gibt, die wirklich hören können!

Ich spüre nun, dass du mir den Wind aus den Segeln nehmen willst, weil ja Gottes Worte ‹heute› gelebt und erfüllt werden sollen. Trotzdem möchte ich dich noch etwas über die Engel mit den ‹Zornschalen› fragen, weil ich glaube, dass davon bereits einiges passiert ist, wir also mitten in der Endzeit sind, darf ich?

Frage!

Es steht da, ‹der zweite Engel mit der zweiten Schale goss seine Schale ins Meer und es ward wie Blut eines Toten und alle lebenden Seelen starben im Meer.› Dies könnte nun das viele Oel sein, das während des Golfkrieges ins Meer gelassen wurde, aber auch die sich häufenden Tankerkatastrophen?

Ja Kind, dies ist nun dies Bild und es ist sehr arg. Denn was es noch alles nach sich zieht, kann dieser eine Mensch, der dies angerichtet hat, nie verkraften. Gott gebe euch den Schutz, denn es steigt auch in die Luft. Und diese Dämpfe sind nicht zu bekämpfen. Sie holen euch noch nach Jahren ein. Auch das was im Meer geschieht, daran wird die Menschheit noch Jahrzehnte zu leiden haben.

Und der grosse Hagel mit den zentnerschweren Hagelkörnern, der vom Himmel fiel, sind wohl die Tausenden von Luftangriffen gemeint während des Golfkrieges?

Ja, dies war jener Bombenhagel. Sicher fehlten Johannes die Worte für Bomben; zu seiner Zeit gab es sie nicht. Er sah sie, und hat sie als grosse Hagelkörner bezeichnet. Und schau, auch wenn er es anders geschrieben hätte, der Mensch hätte es widerlegt, denn für die Kirche wäre dies unmöglich.

Weil du von der Luft gesprochen hast, fahre ich nun mit dem vierten Engel fort. ‹Der vierte Engel goss seine Schale in die Sonne, und den Menschen war heiss vor grosser Hitze›, steht dies im selben Zusammenhang?

Ja, die Erde wird an vielen Stellen fast verbrennen. Es wird grosse Veränderungen geben. Die ganze Kreatur wird leiden und es wird neue Seuchen geben.

‹Der erste Engel goss seine Schale auf die Erde und es ward eine böse und arge Drüse an den Menschen.› Sind damit die heutigen Krebsleiden gemeint?

Diese Krankheit ist in dieser Prophezeiung nicht inbegriffen. Es wird eine noch schlimmere und für euch unvorstellbare und für eure Nachkommen furchterregende Seuche geben.

‹Der dritte Engel goss seine Schale in die Wasserströme und in die Wasserbrunnen und es ward Blut.› Ist damit die zunehmende Wasserverschutzung gemeint, oder wird das noch schlimmer werden?

Die heutige Verschmutzung ist bereits ein Teil davon. Ihr Menschen habt gar keinen Begriff vom Ausmass dessen was alles geschieht; es wird euch soviel verheimlicht, und in wie vielen Seen das Wasser schon tot ist. Es werden Naturkatastrophen dazu kommen und das Wasser verseuchen; es wird sich nicht mehr reinigen können. Es wird Erdverschiebungen geben. Das Trinkwasser wird sehr knapp werden.

Es ist also unsere Chemie, es sind unsere Chemikalien die eine Zeitbombe darstellen, und bei Erdbeben auslaufen können?

Ja, du hast mich verstanden.

Weshalb ich all dies wissen wollte ist, weil ich ein für alle Mal hören wollte, dass nicht Gott über uns eine Apokalypse verhängt, es sind in diesem Sinne auch keine ‹Zornschalen Gottes› – dies ist nur ein Bild, es ist die Folge unserer eigenen Verseuchung? Es ist unsere Verschmutzung, es sind unsere Kriege die in der Offenbarung beschrieben werden?

Also hast du nun ganz begriffen. Gott ist Liebe, Gott ist Frieden, Gott ist Licht und Fröhlichkeit!

Gott würde keines seiner Wesen vernichten. Er liebt sie zusehr. Er versucht in jeden einzelnen Menschen seine Liebe so einfliessen zu lassen, ihm seine Liebe dermassen zu zeigen und hofft und hofft immer wieder, dass der Mensch irgendwann einmal spürt.

Der Mensch vernichtet sich selbst, es ist nicht Gott, es ist der Mensch!

Denn bedenke was der Mensch der Natur antut, kann nicht wieder gut gemacht werden. Die Natur ist stark, auch rächt sie sich nicht. Aber sie leidet und schreit und bricht zusammen. Und so entstehen diese Naturkatastrophen und manchmal bäumt sie sich auf und sagt:

‹Oh Mensch, ich bin doch deine Grundlage, wir gehören doch zusammen, was willst du ohne Erde, ohne Luft, ohne Wasser, was willst du ohne Pflanzen, ohne Tiere, wir sind eine Einheit, bedenke, dein gesamtes Leben hängt von mir ab, wir leben und gehören zusammen. Wenn du mich vernichtest, ist auch dein Leben zu Ende.›

Aber der Mensch hört nicht auf die Natur. Er hat sich über alles gestellt und sein eigener Kreislauf holt ihn nun ein.

Gott gibt dem Menschen immer noch seine Liebe und hofft, dass immer mehr Menschen es spüren. Gott öffnet Menschen die den tiefen, wahren, geistigen Weg gehen, obwohl sie dann durch ihre Mitschwestern und Brüder sehr leiden werden.

Denn der Mensch ist so, dass er dort wo er Glanz und Glimmer sieht, sich verblenden lässt. Denen unterliegt er. Die den einfachen und stillen Weg gehen, die verurteilt er schneller; die kommen ihm absonderlich vor. Der Mensch ist nicht mehr imstande, das Wahre zu fühlen.

Einmal noch wird Gott seine Stimme erheben – dies wird das letzte Mal sein. Gebe Er den Menschen die das hören, die Kraft um umzudenken. Dies hoffen wir von der Geistigen Welt aus sehr für euch.

‹Der sechste Engel goss aus seine Schale auf den grossen Strom Euphrat und das Wasser vertrocknete, auf dass bereitet würde der Weg den Königen vom Aufgang der Sonne›..., lassen wir dieses Bild, denn du sagtest eben, nicht Gott verhängt die Apokalypse über uns, sondern der Mensch will seine Kriege – und alle im Namen der Gerechtigkeit.

Es ist noch nicht die Zeit des letzten Krieges. Euch steht noch ein Krieg bevor, der wird härter und viel schlimmer sein und der kommt aus dem Osten, aus dem Land in dem es auch grosse Unruhen gibt im Moment. Dies wird der Endkrieg sein.

Es ist auch von einem siebten Engel und einer siebten Schale die Rede, die Luft betreffend, und dass es dann Donner und Blitze und grosse Erdbeben geben wird?

Das werden die Erdbeben sein, wenn Gott zu den Menschen spricht. Sie aber werden verhöhnen. Dann wird sich die Erde auftun und schreien. Mensch höre das Wort das Gott euch verkündet:

Es ist Liebe
Liebe in Einheit
Und die es verstehen
Werden in die ewige Glückseligkeit eingehen
Die andern wählen ihren Weg selbst
Aber Gott wird dennoch immer für sie da sein
Wenn sie den Weg zu sich finden und umkehren
Sie werden mit derselben Liebe empfangen
Wie Gott seine eigenen Kinder empfängt
Gott ist Liebe und Licht
Und Gott lässt keines seiner Kinder im Stich
Er liebt

Die Weisse Bruderschaft 11.6.91

Immer wieder einmal hörte ich von einer Weissen Bruderschaft, ist dies ein Orden auf der Erde, oder gibt es eine solche Gemeinschaft nur im Himmel?

Ich wünsche euch einen gesegneten Abend!

Da ihr wisst, dass kein Wort ungehört bleibt in der Geistigen Welt, muss ich dir sagen, dass es die Weisse Bruderschaft, die wahre Weisse Bruderschaft auch auf der Erde gibt. Aber es sind nur Wenige, die wirklich mit uns und durch uns arbeiten, und die sehr im Stillen gehen.

Es ist positiv, wenn einige darnach leben. Aber es ist nicht immer gut, zuviel zu tun und Gesetze aufzustellen, denn wer in der wahren Bruderschaft geht, weiss was zu tun ist, ohne Worte, denn er wird von seinen Geistigen Brüdern geführt, die er zu dem Zeitpunkt erkennen wird, da die Bestimmung für ihn da ist – auch wenn ein Menschenkind bis dahin nicht gewusst hat, dass es dazugehört – die Weisse Bruderschaft wird es begleiten.

Meine Worte werden nicht sehr viele sein:

Die Zeit der speienden Berge ist angebrochen, aber dies ist nur ein Vorzeichen, denn die brennende Erde wird kommen und das Wasser wird sie überfluten. Die Erde wird sich auftun und die Zeit der Verschiebung der Kontinente naht.

Was ihr bis jetzt erlebt habt, ist erst ein kleiner Anfang dessen was auf die Menschheit zuschreitet.

Wenn die grösste Last, die sie auf ihrem Rücken trägt, losbricht, dann ist die Zeit da, dass sich wirklich das Licht gegen das Dunkle bewähren muss.

Darum sage ich allen Menschen:

Versucht euer Leben tief zu leben, versucht mehr Licht in euch zu bringen und aus euch zu bringen. Denn die Zeit ist nun gekommen, da jeder Mensch bereit sein soll, vorausgesetzt, dass es sein Wunsch ist die Strasse zu gehen, die ihr den Geistigen Weg, den Gottesweg nennt. Denkt an die Geschichte mit den klugen Jungfrauen und den törichten, deren Öl ausging, als sich der Bräutigam versäumte.

Die Zeit ist nun angebrochen um innezuhalten, sich darin zu prüfen, wie ernst er diesen Weg nimmt, aber für jeden ist genügend Zeit da um sich wirklich zu vertiefen.

Wieviele sprechen, dass sie diesen Weg gehen und sie tun es mit falschen Betonungen, falschen Aussagen, falschen Vorspiegelungen und schaden anderen Menschen. Darum hütet euch, schaut in euer Herz ob ihr wirklich gewillt seid, diesen Schritt mit uns weiterzugehen.

Denn wahrlich ich sage euch, dieser Weg ist kein leichter Weg, wenn ihr ihn ehrlich beschreiten wollt und zu den Wegbereitern werden wollt und nicht nur oberflächlich, wie dies die meisten tun, so dass sie ihre Kraft mit der Zeit wieder verlieren. Dies würde uns sehr enttäuschen, denn wir brauchen wahrhafte Menschen die das Wort ‹Gott›, ‹Glauben› und ‹Liebe› richtig verstehen, und es auch bereit sind, wenn es schwirig wird, anderen weiterzugeben und fest auf ihrem Platze stehen bleiben, auch wenn sie verhöhnt und verspottet werden. Darum bedenkt, wer den wirklichen Geistigen Weg geht, geht ihn nicht in Tand.

Ihr wisst nun, wer diese Erde wieder betreten soll. Und es braucht in dieser Zeit nun dringend Menschen, die dies begreifen, die dies verstehen, die daran glauben und es fühlen und weitere Kinder in die Glückseligkeit führen können, bis ein wirklich Grosses Umdenken bereit ist. Denn sonst sage ich euch, wird dies, was im Buche mit dem Namen Bibel steht, ein Heulen und Zähneklappern losbrechen, und ihr steht schon sehr nahe daran.

Wir bitten euch mit tiefster Ehrfurcht und Liebe, helft uns aus der Geistigen Welt, dass ihr, die ihr auf diesem Planeten lebt, zur wahren Glückseligkeit kommt.

Bei jedem Menschen, der anfängt zu Meditieren, der anfängt sich auf diesen Weg zu begeben, geschehen leichte Veränderungen.

Bevor ihr es spürt, spürt ihr euer Inneres und dann fangen die Schwirigkeiten an. Denn das Innere wehrt sich und es kommt in euer Bewusstsein. Und dies Bewusstsein möchte sich nicht ändern. Es möchte den alten Weg gehen und ihr kommt in einen Zwiespalt, ‹wie weit möchte ich mich ändern – will ich überhaupt?›

Aber bedenkt, auch wenn ihr diesen Weg schon leicht betreten habt, von ihm wegzugehen, bedeutet Schwierigkeit für euch.

Nicht aus der Geistigen Welt, denn wir geleiten euch auch auf die andere Strasse, wenn ihr glaubt dort euer Glück zu finden, sondern in euch selbst. Aber es entsteht in euch eine Kluft.

Wenn ihr noch nicht bereit seid, könnt ihr diesen Weg auch etwas später gehen, dann wenn ihr wirklich in eurem Innern Klarheit seht und auch wisst, ‹nun verkrafte ich es, nun verstehe ich ihn›. Bis dahin aber versucht sehr behutsam mit euch weiterzugehen und wirklich die Tiefe der Meditation zu finden – aber dies müsst ihr selbst entscheiden.

Ich verneige mich vor dieser Runde in grosser Ehrfurcht, Gott schütze und behüte euch!

Geht mit dem Licht, denn dies ist euer wahrer Wegbegleiter und es ist die Strasse, die jeder Mensch, wenn nicht in diesem Leben, so doch in einem künftigen einmal gehen wird.

Ihr wisst, wir bemessen keine Zeit – wir lassen es geschehen und dies in tiefer Liebe zu euch.

Geht in Gott, ich verabschiede mich von euch, ich wünsche euch eine schöne Zeit!

Das Knäblein –
das auf normale Weise zur Welt kommt 7.6.91

Darf ich dich nochmals über einige Bilder in der Johannes-Offenbarung der Bibel fragen?

Frage!

Das letzte Mal schlossen wir mit dem Bild der Mutter mit ihrem Sohn –, das Symbol-Bild in Kapitel 12: ‹Eine Frau mit der Sonne bekleidet, der Mond unter ihren Füssen und auf ihrem Haupt eine Krone von zwölf Sternen›, wurde dem ausgelegt – der immer es verstehen kann.

Schau, dies was ich euch erklären darf, werde ich euch erklären. Es hat einige Symbole, die nur die verstehen sollen und dürfen, die schon sehr tief diesen Weg gehen und nicht alle Menschen. Sie würden es nicht begreifen und es würde Verwirrung herrschen, denn sie können mit diesen Worten nichts anfangen. Aber die das Symbol richtig verstehen, werden dadurch weitergehen, und dieses Bild gehört dazu, frage!

Hier in diesem Kapitel sieht nun Johannes, den der da kommen soll, als ein Knäblein das auf normale Weise zur Welt kommen wird, ganz im Gegensatz zum Matthäus Evangelium. Aber dann steht von dem Kind, ‹und ihr Kind ward entrückt zu Gott und seinem Stuhl›, wie ist das zu verstehen?

Schau, es ist Gottes Sohn! Und obwohl er grobstofflich auf dieser Erde weilen wird, ist er im Geiste immer fähig nach Hause zu gehen.

Also, nur dies ist damit gemeint?

Richtig und Er wird im Geiste immer bei seinem Vater weilen und wird seinen Auftrag auf der Erde ‹durch Gott› erfüllen, denn er ist auch dieses Mal wieder so tief mit ihm verbunden, dass nur Gott in seinen Seelenbereich eintreten kann und sonst niemand.

Er wird ein so reiner Übermittler sein, dass seine Seele nichts anderes aufnehmen wird als das was er spürt, dass sein Vater es möchte. Er wird auch diesmal versuchen den Menschen zu helfen.

So Gott will, werden die Menschen bis dahin friedlicher sein und bereits mehr verstehen. Und ich hoffe, dass die Menschen sich mehr öffnen für den

Mystischen Weg, es auch sie lernen, mit diesen Fähigkeiten im Guten umzugehen, und nicht, dass damit stets nur Missbrauch betrieben wird, denn erzwungene Kraft, wird zur falschen Macht.

Schau, die Kraft die man erzwingen möchte, eben um sich von anderen abheben zu können; deren Weg führt meist bereits dahin, Macht über andere auszuüben. Auch wenn man nur jemanden heilen möchte, weil man ja heilen kann und man dies, sich und andern unbedingt beweisen möchte. Da fängt dann auch schon der Weg an, der nicht immer gut ist, der Beweggrund dazu nicht immer rein, aber frage weiter!

Bedeutet das Siebenköpfige-Tier, in Kapitel 13, das aus dem Meer steigt, mit sieben Häuptern, zehn Hörnern, zehn Kronen, Europa, das wiedererstandene ‹Römische-Reich›, mit dem Päpstlichen Machtgefüge?

Ja, aber auch dies wird wieder untergehen. Die Symbolik bedeutet aber auch der Untergang einiger Kontinente, die vom Meer verschlungen werden. Frage!

Nun ist da noch ein Bild das dazukommt: ‹Und ich sah einen seiner Köpfe, wie zu Tode getroffen und seine Todeswunde wurde geheilt und die ganze Erde sah staunend dem Tiere nach.›

Dann sah Johannes auch ein anderes Tier, das hatte zwei Hörner, gleich einem Lamm und redete wie ein Drache...

Schau, es bedeutet, dass die Menschheit sich nochmals gegen das Gute erheben wird, dass eine böse Macht diese Erde nochmals beherrschen wird. Und die, die ihm Untertan sind, werden die Erde fast an den Abgrund bringen mit ihren Menschen, denn sie verschreiben sich dem Dunkeln.

Dann wird nochmals dies Kind diese Erde betreten, und wird in ihrem vierzehnten Lebensjahr einen undenkbar qualvollen Tod erleiden, weil sie dann, wie wir es nennen, alle Speere durch ihren Leib stossen wird, um die wenigen Menschen zu erretten, die dann noch auf dieser Erde sind. Um für das Überleben zu kämpfen, von dem Vater–Mutter–Gott zu den Menschen gesprochen hat, ‹als dem Paradies›. Für dieses wird sie in tiefer Liebe all das auf sich nehmen. Denn sie wird immer und immer wiederkommen, um Liebe zu geben. Frage weiter.

Dann hat dieses Bild nicht mit Politischen Verflechtungen zu tun, sondern ist ein Zukunftsbild?

Richtig, es ist zwar eine Regierung, die dies alles auf die Beine stellen wird. Frage!

Meine zweitletzte Frage wäre wiederum eine Stelle die gerne wörtlich interpretiert wird: ‹Und ich sah einen Engel vom Himmel herabkommen, der den Schlüssel zur Unterwelt und eine grosse Kette in seiner Hand hatte. Und er ergriff den Drachen, die alte Schlange und legte ihn in Ketten...› usw., so die Übersetzung Martin Luther's.

Es ist auch noch von zwei symbolischen Zahlen die Rede. ‹Die das Malzeichen nicht angenommen hatten, wurden wieder lebendig und herrschten mit Christus tausend Jahre...› Beides darf doch aber nun nicht sektiererisch angeschaut werden; du sagtest mir einmal, schau dich selbst um, wieweit ihr von einem Friedensreich entfernt seid. Und die andere Zahl...

Die drei Buchstaben die ihr täglich benutzt, bedeuten bereits diese Zahl und es ist einfach so, wenn ihr solche Symbolzahlen in eurer Nähe habt, werdet ihr in jeder Sekunde damit beeinflusst, ihr steht immer unter Beeinflussung, aber auch die Schwingungen gehen in jede eurer Tätigkeiten und in jedes eurer Geschäfte, ohne dass ihr eine Ahnung davon habt.

Wenn das wirklich geschehen wird, dass Friede hier einkehrt, ist das Böse gebannt. Und die Seelen, die aus dem Dunkel ins Licht gehen wollen, werden es tun. Und sie werden all die Liebe und Herrlichkeit sehen die da herrschen. Und es wird sehr viel Zeit vergehen, bis eine dieser Seelen wieder ins Dunkle zurücktritt und das Tor des Bösen wieder aufschliessen wird. Und dann wird der Kreislauf von vorne beginnen.

Schau, mit den Jahreszahlen, oder überhaupt mit den Zahlen und Zeitbegriffen, so ist dies von unserer Seite immer sehr schwirig, weil manchmal die Zeit schneller abläuft und es geschieht etwas das eine Zeitverschiebung bewirkt!

Es brauchen keine tausend Jahre zu sein in eurem Sinne. Denn tausend Jahre in eurem Sinne, sind bei uns zehn Sekunden. Die Zeitrechnung ist für uns immer etwas schwierig, besonders darum, weil bei uns überhaupt keine Zeit existiert. Darum sind auch Voraussagen, auch in der jetzigen Zeit, manchmal ungenau.

Wir geben uns Mühe uns euer Zeit anzugleichen, wenn wir einem Einzelnen etwas sagen. Aber auch ein Mensch kann etwas nur schon mit seinen Gedanken verändern, oder mit seinem nervösen Tun, oder mit einem Wort, dass es dadurch bereits eine Verschiebung geben kann.

Deshalb sagen wir euch ja auch immer wieder, kontrolliert eure Gedanken, eure Worte und euer Handeln. Es sind alles Auslöser, die Verschiebungen in Jahren bewirken können, ja selbst Voraussagen verändern können. Hast du diesbezüglich noch eine Frage?

Was du jetzt eben gesagt hast mit den Verschiebungen durch Gedanken, was du gesagt hast über das Böse das wiederkehren kann; hat das damit zu tun, dass der Mensch einen absolut freien Willen von Gott bekommen hat, denn Gott ist ja Liebe, da ist solches gar nicht existent?

Richtig, der Mensch hat immer zwei Wege zwischen denen er entscheiden muss. Eine Regierung kann sich für Gewaltlosigkeit oder für Gewalt entscheiden, es gibt da keinen Zwang, weder zum Guten noch zum Bösen, der Mensch entscheidet immer selbst. Niemandem wird von der Göttlichen Seite aus etwas befohlen, die Entscheidung liegt immer beim Menschen.

Eine letzte Frage: ‹Und ich sah einen neuen Himmel und eine neue Erde, denn der erste Himmel und die erste Erde sind verschwunden.... und Gott selbst wird bei ihnen sein, und Er wird abwischen alle Tränen von ihren Augen und der Tod wird nicht mehr sein und kein Leid noch Geschrei, noch Schmerz wird mehr sein, denn das Erste ist vergangen.›

‹*Und es kam einer von den sieben Engeln, die die sieben Schalen voll der sieben letzten Plagen gehabt hatten und redete mit mir und sprach: Komm ich will dir die Braut, das Weib des Lammes zeigen. Und er entrückte mich im Geiste auf einen grossen und hohen Berg und zeigte mir die Heilige Stadt Jerusalem, wie sie von Gott her aus dem Himmel herabkam.*›

Die Symbolik der zwölf Tore mit den zwölf Stämmen der Söhne Palästinas und Israels, und die lange Beschreibung dieser Stadt, treffen wohl nicht gerade auf das heutige Jerusalem zu, deren Stämme sich immer mehr verfeinden, obwohl sie ständig nur von Frieden sprechen.

Ja, schau, dieser Name kann ich dir nicht sagen, aber es sollte der neue Stamm der Menschheit sein, der Licht und Friede in sich trägt. Sicher wurde ‹Jerusalem› genannt, weil dort sehr viel geschah. Aber dann würde die ganze Erde, wenn dies geschehen wird, im Licht und in Frieden sein, und es würden keine Länder unter verschiedenen Namen mehr existieren, denn dann wäre alles eins. Es wäre ein Land und eine Stadt, denn die Menschen werden zusammenfinden. Und sie würden in einer solchen Fröhlichkeit und Liebe und Licht miteinander leben, dass das erreicht sein würde, was Gottes Wille war.

Und nehme an, es könnte den Namen ‹Jerusalem› tragen, dies muss aber nicht sein, der Name ist nicht wichtig. Denn es würde auch jeder Mensch den anderen verstehen, es würden keine Fremdsprachen mehr existieren, es würden die verschiedenen Hautfarben einander wieder ertragen.

Dann wird der Name vom Himmel ertönen, wie dieses Reich sich dann nennen will, wie es wirklich fast tausend Jahre im Frieden existieren wird.

Und wenn das geschieht werden die sieben Engel auf die Erde steigen
Und werden Milch und Honig über sie giessen
Und die Kinder dieser Erde würden die Ewige Glückseligkeit erlangen
Denn dies wäre Mein Wille
Und all Meine Liebe
Und Meine Kinder würden nicht immer umgebracht
Denn Ich sage euch
Ich werde nie verurteilen
Ich werde euch dennoch ewig Lieben
Aber ihr seid es selbst die ewig das Blut von ihnen an euren Händen tragen
Und wenn ihr nicht aus eigener Kraft diese Hände reinigen könnt
Solange wird Unfriede auf dieser Erde sein
Denn die Quellen werden sich ewig verdunkeln
Und das Licht wird euch blenden
Und ihr werdet es meiden
Und Ich werde euch ewig die Hände entgegen strecken
Wohin euer wahres Werden euer wahres Leben geht
In das Leben das Ich ewig nannte
Und dass jeder selbst bestimmen kann
Wohin er sich führen lässt

Die Füsse stehen auf des Mondes Scheibe
Und das Herz der Sonne lacht
Und die Sterne erleuchten in den Farben des Juwels
Und diese Farben helfen euch tragen
Sie erleuchten euch
Und möchten euch den Segen des Lichtes
Und der Kraft übermitteln
Denn wahrlich wahrlich ich sage euch
Die Zeit – sie ruft in der Schwere
Dann wird es die Zeit geben die etwas ruhiger wird
Und dann kommt die Zeit der grossen Schwere
Und wahrlich ich sage euch
Wer dann nicht erkannt
Und die Strahlen nicht annahm
Wird mit der Finsternis untergehen
Denn die Gnade des Seins in der ihr nun weilt
Könnt ihr nicht erkennen
Aber dann erkennt ihr
Denn die Taube sie umkreist
Und wenn ihr Kreisen den Kreis ganz zog
Kehrt sie zurück
Und wahrlich ich sage euch
Dann kommt ein Wehklagen
Und unnütze Worte – warum habe ich nicht getan
Warum habe ich nicht erkannt den Sinn des Weges
Und ich war eine der Jungfrauen
Die das Licht nicht zum Leuchten brachte
Sondern die Dunkelheit einliess
Denn das Oel seid ihr
Und wie das Licht brennt ist des Menschen Wille
Die Gnade Gottes über euch

5.10.2001

Anhang
Weihnachts- und Neujahrsbotschaft 2001/2002

Verzeiht, dass wir euch eure Ruhe nehmen. In dieser Zeit, wo Vieles sich verändert, wo die Dunkelheit durch die Mehrheit der Menschen, offene Türen und Tore hat, möchten wir vom Lichte, euch nochmals aufrufen:

Geht zu jeder Zeit des Tages, in der ihr Zeit findet, in eure Herzen und spürt da die Ewige Liebe des Lichtes, dass sie euer Inneres erwärmt, dass sie euch verstehen und ertragen lässt, was auf dieser Welt geschieht, dass ihr aber auch nicht vergesst, ihr selbst wolltet Suchende werden.

Suchende, wenn ihr die Kraft habt, euch doch mehr und mehr von all der Hektik, von all der Leichtigkeit und des Überflusses des grossen Welttheaters zu verabschieden, um dort wo es dann mehr Raum hat, die Ewige Liebe und das Licht ausbreiten zu lassen. Um euch zu besinnen, eigentlich möchte ich ja auf dieser Lebensreise die Erfüllung des tiefen Lebens und die Wahrheit und die Kraft und die Liebe des Lichtes weitergeben. Und nicht die Illusion der Äusserlichkeit, der Oberflächlichkeit, den unnötig gesalbten Worten, die ich nachahme und die vielleicht nur harmonisch klingen, aber nicht die Tiefe zum Licht erfüllen.

Grosse Schauspieler und Dramatiker, schlechte Schauspieler gibt es genug auf dieser Erde. Jeder möchte ein noch bunteres Gewand anziehen um zu scheinen. Jeder möchte ein noch wichtigeres Gesicht aufsetzen, um den anderen zu unterdrücken, oder dass jener sieht, wer man ist und wieviel Macht man über ihn hat. All das lässt die Dunkelheit zu. Und sie spüren nicht, dass in dem grossen Welttheater kein Licht mehr scheint. Die, die einmal ‹ja› sagten und vielleicht durch gewisse Umstände immer wieder in die äussere Illusion gezogen werden, oder unseren Weg eben auch sehr theatralisch, als etwas Besonderes, voll Weisheit spriessendes ansehen, stehen schon in der letzten Reihe von dem dunklen Welttheater.

Unser Weg braucht nur Liebe, ein Herz, dass sich bewusst ist, ich gehe den Weg. Man braucht mich nicht zu sehen, aber das Licht löscht nicht aus. Und wenn meine Zeit da ist, werde ich all den anderen, die ebenso das Licht in sich weitertrugen und bis dahin schweigen konnten, meine Hände reichen. Und wir werden die Dunkelheit durchbrechen, um das Grosse Licht erscheinen zu lassen. Um den Menschen, die dann wehklagen und Leid tragen, mit diesem Lichte, jene Heilung und jene Wärme zu bringen, die sie spüren lässt, nicht nur mein Körper wird berührt – was ist das, was mein Inneres berührt, was mich wärmt, was trage ich plötzlich für eine Geborgenheit um mich, was macht mich stark, was macht mich fröhlich, was gibt mir die Sicherheit; ich lebe weiter und es gibt doch eine Hoffnung.

Kehrt in eure Herzen. Nehmt es nun bitte wahr, denn nun kommt die grosse Dunkelheit. Formt und hegt euer Licht in der unendlichen Güte, in der unendlichen Liebe und wartet in Geduld auf eure Zeit. Spielt nicht mit eurer Kraft. Lasst euch werden. Denn jedes Licht braucht die Zeit um grösser und wärmer zu werden um die Kraft zu erhalten, dass es nicht mehr auslöscht. Was nützt euch eine Flamme die zittert und immer kleiner wird, und nicht weiss ob sie verlöscht. Sie wird unruhig, sie wird ängstlich. Ihre Nerven können ihr nicht mehr die Kraft geben, ihre Gesundheit lässt nach. Spielt nicht mit diesem Lichte.

Denn die Zeit ist nun angebrochen, in der es nur ein klares leuchtendes Ja gibt und ein Tragen in euren Herzen. Wir brauchen weder Schein noch Worte, wir brauchen nur die Güte, die Hoffnung, die Liebe, die Geduld und die Ehrlichkeit in eurem Herzen das da spricht, ja ich gehöre zum Licht und ich werde es tragen und warte auf meine Zeit. Bis dahin schweige ich und gebe mir Zeit, sodass mein Licht stärker werden kann. Und ich trage es für die Anderen, aber nun hüte ich es in einer Kostbarkeit. Denn in dieser Zeit darf es mich wärmen und die Liebe gehört mir, denn ich möchte ein grosses Licht werden.

Geht in Frieden und geht gemeinsam, denn wenn ihr bis dahin nicht begriffen, warum all die Zeit, warum all die Worte, werdet ihr es nie mehr verstehen, denn wahrlich, wahrlich ich sage euch, ihr seht nur die Äusserlichkeit und wisst nicht die Wahrheit, ihr wisst nicht um alles Bescheid. Denn wir geben Äusserlichkeiten die euch blenden, wir geben euch Äusserlichkeiten der Worte, und wenn ihr in falsche Richtungen blickt, wendet ihr euch von dem Wahren Lichte ab.

Und keiner braucht demütig, huldvoll vor irgend etwas sich niederzuwerfen, denn es gibt nur ein Licht. Und wer Licht trägt gehört dazu und es gibt keine Unterschiede für uns. Aber manchmal senden wir Lichter zu euch, die man vielleicht nicht versteht und vielleicht nicht sieht, weil man schon wieder wo anders hinsieht. Oder vielleicht, weil ein Irrlicht im Moment heller scheint. Denn wahrlich ich sage euch, es ist nicht wichtig was und wo und wohin ihr in der Äusserlichkeit geht. Wichtig ist eure Liebe in dem Grossen Lichte, ob sie in einem tiefen ehrlichen Herzen ruht. Es ist nicht wichtig, wer euch solche Worte übermittelt. Die Wichtigkeit des Seins ist, dass ihr versteht, dass ihr das Licht fühlt, dass ihr die Liebe fühlt und keine Unterschiede macht, wer euch nun die Worte übermittelt und an wen sie gerichtet sind. Denn dann hängt ihr wieder der Äusserlichkeit nach; wir sind in jedem und für uns sind alle gleich.

Bedenkt, nur das Licht zählt in dieser Welt. Und wer es nicht versteht, nicht weitertragen kann, wird einer schweren Zeit entgegen gehen. Denn nun müsst ihr gehen, obwohl es für uns ein Muss nicht gibt. Aber es ist wichtig für euch selbst. Denn so könnt ihr auch euren Familien, wenn ihr Liebe und Licht versteht, Kraft geben.

Habt einander doch ehrlich lieb. Es spielt doch keine Rolle, wie einer ist, was er fühlt und was er spricht. Ihr wisst nicht, was ihr mit all diesen Worten und Gedanken euch wieder für Steine auf den Weg legt. Ich habe es schon einmal durchlebt – all die Unstimmigkeit von denen die sprachen, wir lieben Dich, wir folgen Dir, aber untereinander herrschte die Zwietracht, die Eifersucht, der Neid, die falschen Worte, die falschen Hoffnungen; ach ich verstehe es besser und ich bin weiter…

Nehmt in die neue Zeit ein anderes Verstehen einander gegenüber, denn sonst wahrlich, sage ich euch, werdet ihr der Liebe und dem Lichte nicht folgen können und das Grosse Licht nicht weitertragen. Und dies wäre arg für viele Menschen und es wäre arg für die Menschen, die weit von euch weilen, aber auch mit dem Lichte gehen. Denn es braucht überall auf dieser Erde Menschen die Licht tragen, um sich dann zu einer Einheit zu finden, um dann das schwere Dunkle zu durchbrechen.

Begebt euch nun in den Frieden, die Wärme, die Fröhlichkeit und habt euch lieb. Die Liebe und das Lachen des Lichtes lege ich in euch. Und bedenkt, die Jahre sind gezählt, denn auch wir möchten manchmal jene wieder bei uns haben, die bei euch weilen, denn Liebe geht zur Liebe. Und für manche haben auch wir die Sehnsucht, dass sie zurückkehren. Die Gnade und Gottes Segen und das Grosse Licht über euch! Geht in Frieden und trägt nun in der Grossen Wahrheit und in dem Grossen Bewusstsein das Licht in euch weiter. Singt fröhlich und lacht fröhlich. Die Ewige Liebe – sie liebt euch!

Schlusswort   *22.11.91*

Das Göttliche Licht euch allen, die ihr unsere Botschaften hört und liest! Eure Geistige Führung bittet euch in Demut, sucht doch nach dem Innern!

Die eueren Weg begleiten, möchten euch wirklich helfen. Und manchmal ist es schwer, weil die Zweifel des Menschen stärker sind, denn sein Äusseres ist noch zusehr verhaftet.

Manche denken sich, die einfachen kindlichen Worten, mit denen hier gesprochen wird; dies kann doch auch nicht ganz der Weg sein, denn sie glauben, nur sehr intelligente Worte oder erwachsene Worte müssen doch in solchen Momenten gesprochen werden. Nur eines verstehen sie nicht:

Bevor sie nicht selbst wieder zu dem unbefangenen Kind geworden sind, haben sie nicht verstanden. Denn dieser Weg heisst: kindliche Liebe, kindliches Vertrauen, kindliche Fröhlichkeit – und dies hat nichts mit Dummheit zu tun. Diese Worte werden auch nicht durch jemanden gesprochen, der ‹per Zufall› auf diesen Weg geraten ist. Niemand geht per Zufall auf diesen Weg.

Der den Wahren Göttlichen Weg geht, erhält ihn durch Vater-Mutter-Gott und durch die Höchste-Geistige-Welt. Es kommt nicht darauf an, wie er lebt oder wie er spricht oder welche Ausbildung er genossen hat. Denn die Weisheit die ist tief. Tiefer als die meisten äusseren Intelligenzen.

Wir wünschen euch eine gesegnete Zeit, gesegnete Tage, in dem grossen Fluss der Freiheit, der Ewigen Liebe. Kein falsches Suchen, keine falsches Verstehen, keine falschen Bilder, keine falsche Hoffnung – einfach Sein mit allem – ohne eine Vorstellung: wie fühle ich nun das Tier, wie fühl' ich die Blume, wie höre ich sie, wie fühl' ich den Baum, wie fühl' ich den Menschen? Dies sind schon überflüssige Gedanken; nur Sein!

Gott behüte euch!

Im selben Verlag erschienen: Niederer/Widmer

Sinn und Unsinn des Wortes
30 Vorträge von den geistigen Meistern, über die Zeichen der Zeit, den
Sinn des Lebens, die Zeit der Entscheidung
ISBN 3-9521536-0-5, Pbk., 145 Seiten, CHF 33.5O

Antworten aus der Weisheit
Der Himmel gab mir Antwort auf 67 aktuelle Fragen
ISBN 3-9521536-1-3, Pbk., 160 Seiten, CHF 33.50

Augen die die Klarheit des Lichtes ertragen
Das Wesen der Steine, Weihnacht, Karfreitag, Ostern –
die geistigen Hintergründe u. <Keines>a.
ISBN 3-9521536-2-1, Pbk., 63 Seiten, CHF 20.–

Der Kontakt mit dem Jenseits beginnt im Herzen
12 Gespräche mit dem Geistführer, den Engeln und dem Meister über:
Zeit der Dunkelheit, Meditation, Esoterik, Erleuchtung, Religion
ISBN 3-9521536-4-8, Pbk., 63 Seiten, CHF 20.–

Warum beschneidet ihr euch in eurem Wissen
24 neue und alte Gespräche und Vorträge von 1991–2001 über
die Einswerdung, den Weg ins Licht: der Sinn des Lebens
ISBN 3-9521536-5-6, Pbk., 117 Seiten, CHF 27.–